Najnowsze przygody
Mikołajka

Mikołajek na podstawie dzieła René Goscinny'ego i Jean-Jacquesa Sempégo

Telewizyjny serial animowany Matthieu Delaporte'a, Alexandra de la Patellière'a i Cédrica Pilota /
Projekt graficzny Pascala Valdèsa / Reżyseria Arnaud Bouron
Na podstawie odcinków:

„Fotografia" autorstwa Alaina Vallejo
„Latarka" autorstwa Oliviera i Hervé Perouzégo
„Jadwinia" autorstwa Francka Salomé
„Rower" autorstwa Clélii Constantine
„Nasza gazeta" autorstwa Thomasa Barichelli i Mathiasa Fourriera
„Pojedynek" autorstwa Oliviera i Hervé Perouzégo
„Loteria" autorstwa Oliviera i Hervé Perouzégo
„Muzeum" autorstwa Thomasa Barichelli i Mathiasa Fourriera
„Kodeks drogowy" autorstwa Hervé Benedettiego i Nicolasa Robina
„Zastępstwo" autorstwa Delphine Dubos

Mikołajek, postaci, przygody i charakterystyczne elementy świata Mikołajka
są dziełem René Goscinny'ego i Jean-Jacquesa Sempégo.
Prawo rejestracji i korzystania z marek związanych ze światem Mikołajka zastrzeżone dla
IMAV éditions. Le Petit Nicolas ® jest znakiem zarejestrowanym.
Wszelkie prawa do reprodukowania lub imitowania marki i wszelkich logotypów są zastrzeżone.
© M6 Studio / IMAV éditions / Goscinny – Sempé
© Gallimard Jeunesse, 2012, wydanie oryginalne
Adaptacja: Emmanuelle Lepetit

Copyright © for the Polish translation by Barbara Grzegorzewska 2012
Copyright © for the Polish edition by SIW Znak sp. z o.o. 2012

www.petitnicolas.com
www.mikolajek.pl

Opieka redakcyjna
Katarzyna Janusik

Adiustacja
Maria Makuch

Korekta
Katarzyna Mach, Dorota Zańko

Łamanie
Daniel Malak, Maria Gromek

Makieta:
Clément Chassagnard

ISBN 978-83-240-2026-3

Książki z dobrej strony: www.znak.com.pl
Społeczny Instytut Wydawniczy Znak, 30-105 Kraków, ul. Kościuszki 37
Dział sprzedaży: tel. 12 61 99 569, e-mail: czytelnicy@znak.com.pl
Wydanie I, Kraków 2012
Druk i oprawa: Colonel, Kraków

NA PODSTAWIE KSIĄŻEK GOSCINNY'EGO I SEMPÉGO

Najnowsze przygody
Mikołajka

Przełożyła Barbara Grzegorzewska

znak emotikon

KRAKÓW 2012

Mikołajek
i jego kumple

Mama   Tata

Mikołaj   Alcest   Kleofas   Euzebiusz

Pani   Rosół

Ludeczka   Jadwinia   Gotfryd   Ananiasz

ZDJĘCIE KLASOWE

Dziś rano Mikołaj wyszedł z łazienki i zapytał
z nieszczęśliwą miną:

– Mamo… Jesteś pewna, że muszę iść
do szkoły przebrany za pingwina?

– Kiedy naprawdę ślicznie wyglądasz w tym
garniturze, kochanie!

– Dziś będą wam robić zdjęcie klasowe –
powiedział tata – i musisz wyglądać jak
człowiek, nie-ska-zi-tel-nie!

W samochodzie Mikołaj siedział okropnie
nadąsany.

– Wiesz, Mikołaj – próbował pocieszyć go tata
– takie zdjęcie klasowe to świetna rzecz. Kiedy
będziesz dorosły, przypomni ci, jak wyglądała
twoja pani i wszyscy twoi koledzy…

Nagle samochód zwolnił. Przed nimi
środkiem jezdni wlókł się jakiś rowerzysta.
– TUUUT! – zatrąbił tata Mikołaja.
Wtedy rowerzysta zjechał wreszcie na bok
i tata bez trudu go wyprzedził.

Rowerzysta miał na nosie okulary, a na bagażniku wiózł grubą teczkę. „Wygląda jak pupilek naszej pani", pomyślał Mikołaj. Mikołaj nie znosił pupilków, więc pokazał mu język. Rowerzysta strasznie się rozzłościł, puścił kierownicę, żeby zareagować, ale stracił równowagę i spadł z roweru. BABACH!

Na dziedzińcu szkolnym Mikołaj zobaczył
swojego kolegę Gotfryda, który miał na głowie
coś dziwnego z piórami...
– Cześć, strusiu! – roześmiał się Mikołaj.
– Cześć, pingwinku! – odparował Gotfryd.
– Z tym czymś na głowie nikt cię nie rozpozna
na zdjęciu – stwierdził Mikołaj.

– Pewnie nie wiesz, mój drogi, ale to jest
najprawdziwszy kapelusz muszkietera!
Mikołaj chciał coś odpowiedzieć, kiedy nagle
zobaczył rowerzystę wchodzącego na szkolny
dziedziniec. Biedak nie miał już okularów
na nosie, a jego rower był cały powyginany.
Z bagażnika wystawał statyw aparatu.
– O, psiakość – przestraszył się Mikołaj. –
To szkolny fotograf! –

Czym prędzej złapał kapelusz Gotfryda
i wcisnął go sobie na głowę. Musi pozostać
niezauważony!

– E! Oddawaj! – wrzasnął Gotfryd i odebrał
mu kapelusz.

Jego krzyk ściągnął uwagę opiekuna
szkolnego Rosoła, który nadszedł wielkimi
krokami.

– Gotfrydzie! Co to znów za przebranie?
Natychmiast zdejmij ten kapelusz!
Mikołaj skorzystał z zamieszania i schował się
za plecami swojego kolegi Alcesta. Ten nawet
tego nie zauważył – zajęty był jedzeniem
kanapek!
– Spokojnie! Proszę tak nie krzyczeć! –
powiedział fotograf do Rosoła. – Z dziećmi
można wszystko załatwić, kiedy ma się
właściwe podejście. Niech pan popatrzy…
– Chodźcie, dzieciaczki. Zaraz zrobimy sobie
piękne zdjęcie.

Wszyscy chłopcy rzucili się do ławki, żeby
zająć miejsca. Mikołaj kulił się, jak mógł…
Fotograf popatrzył w obiektyw. Ponieważ
dzieci nie były dobrze ustawione, poprosił
pupilka wychowawczyni, Ananiasza, żeby
przeszedł do drugiego rzędu.

Ale Ananiasz zaczął płakać:

– Ja jestem najlepszym uczniem w klasie.
Więc powinienem być z przodu, tam gdzie
Kleofas. On jest najgorszy!

Kleofasowi się to nie spodobało:

– Chcesz dostać?

– Nie wolno ci mnie bić. Przypominam,
że noszę okulary...

W końcu Rosół stracił cierpliwość:

– Dość tego! Wszyscy na miejsca!

Chłopcy posłusznie usiedli – za chwilę ptaszek będzie mógł wyfrunąć…

Jednak w ostatniej chwili Rufus zaczął się wiercić.

– Psze pani, ja muszę do ubikacji!

Wychowawczyni wzniosła oczy do góry.

– No dobrze, idź. Tylko szybko!

– Ja też muszę! – oznajmił Euzebiusz.

– Dobrze. Jeśli ktoś jeszcze musi iść do toalety, niech to zrobi teraz – westchnęła pani. Po sekundzie na ławce nie było już nikogo oprócz Ananiasza!

Fotograf zaczął się niecierpliwić…

W ubikacji zrobiła się kolejka. Euzebiusz
był niezadowolony, bo Kleofas się przed niego
wepchnął.

– Zjeżdżaj stąd! Teraz moja kolej! – wrzasnął
i zaczął walić w drzwi kabiny.

Natychmiast zjawił się Rosół:

– Euzebiuszu! Ukarzę cię za niszczenie
wyposażenia szkoły!

Kleofas się rozpłakał:

– Ratunku, zatrzasnąłem się! Drzwi się nie
chcą otworzyć.

– W takim razie trzeba będzie użyć siły –
powiedział opiekun.

Po czym mocnym kopnięciem wyważył drzwi.

Z gabinetu wybiegł dyrektor:

– Co to za hałasy? I kto tu niszczy
wyposażenie szkoły?

Biedny Rosół nie wiedział, co ze sobą zrobić.
Tymczasem na dziedzińcu Gotfryd podszedł
do fotografa.

– Jaki ma pan aparat? – zapytał.

– Popatrz, to taka ładna skrzyneczka, z której
za chwilę wyleci ptaszek – odpowiedział
fotograf, jakby zwracał się do dzidziusia.

– Hm… to jakiś stary grat – prychnął Gotfryd.

– Mój ojciec ma lustrzankę z teleobiektywem.

Fotograf popatrzył na Gotfryda i zrobił
okrągłe oczy. Wyglądał na coraz bardziej
zdenerwowanego, więc Mikołaj nie wytrzymał
i zaczął chichotać:

– Chi, chi, chi!

– Zaraz… – powiedział fotograf, patrząc na
niego uważnie. – To ty dziś rano pokazałeś mi
język w samochodzie.

Teraz Mikołaj całkiem przestał się śmiać.
Wyjąkał:

– Ych… j… ja? N…no n…nie, n… na pewno
się pan myli…

– Nie sądzę! Popatrz, w jakim stanie są moje
okulary, smarkaczu! – wrzasnął fotograf
i wyciągnął z kieszeni popękane okulary.
Wtedy do akcji wkroczył Rosół:

– Proszę, niech się pan uspokoi!

– Niech pan lepiej nic nie mówi! – zezłościł się
fotograf. – Jak się nie ma żadnego posłuchu
u dzieci, to nie poucza się innych!
– Ja nie mam żadnego posłuchu? – pisnął
Rosół.
Obaj mężczyźni stali pośrodku dziedzińca
i piorunowali się wzrokiem. Zupełnie jak
w filmie kowbojskim! I nagle wśród ciszy
rozległo się:
– Trach… chrup… chrup…
To Alcest wcinał właśnie kolejną kanapkę.

– Alceście! Natychmiast to schowaj! –
krzyknął Rosół, rozgniewany.
To zaskoczyło Alcesta, który aż podskoczył.
Kanapka wypadła mu z ręki i wylądowała…
zgadnijcie gdzie? Oczywiście na głowie
Ananiasza!
– Łeeee! – zaczął płakać Ananiasz.
– No ładnie! – wybuchnął fotograf. –
To wszystko przez pana!
Słysząc to, Rosół zrobił się cały czerwony.
Popatrzył na fotografa złym wzrokiem.

– Myślisz, że mu przyłoży? – spytał po cichu
Euzebiusz Mikołaja.

Fotograf chyba pomyślał to samo, bo zaczął
podskakiwać w miejscu jak pchełka.

– Uprzedzam, że uprawiałem boks! – krzyknął.

Wtedy Rosół podniósł z ziemi kanapkę
Ananiasza i z całej siły rzucił ją w stronę
fotografa.

Kłopot tylko w tym, że Rosół nie potrafi celować. Kanapka rozkwasiła się na szybie gabinetu dyrektora, który natychmiast otworzył okno.

– Kto to zrobił?

– Ych... przepraszam, panie dyrektorze... nie wcelowałem – zaczął tłumaczyć się Rosół.

Fotograf skorzystał z zamieszania, spakował swój sprzęt i wsiadł na powyginany rower.

– Dość mam pana i pańskich łobuzów. Do widzenia!

Po czym odjechał zygzakiem.

– Zdaje się, że nie będzie dzisiaj klasowego zdjęcia! – oznajmił Rosół, zakłopotany.

Dzieci w ciszy wróciły do klasy.

– Tata będzie rozczarowany – westchnął
Mikołaj. – Mówił, że zdjęcie klasowe to
strasznie ważna rzecz…

– A może zrobimy zdjęcie u mnie w domu? –
zaproponował Gotfryd. – Aparat mojego ojca
jest i tak dużo lepszy!

– Świetny pomysł! – ucieszył się Rufus.

– Możemy nawet zaprosić Ludeczkę i Jadwinię
– wtedy paczka będzie w komplecie!
Trochę później wszyscy spotkali się
u Gotfryda: Rufus przyniósł czapkę
swojego taty policjanta, Euzebiusz rękawice
bokserskie, Alcest kanapki, a Mikołaj…
pingwinowy garnitur! Przyszła nawet pani
wychowawczyni z Rosołem.
Lokaj Albert już miał wypłoszyć małego
ptaszka, kiedy Alcest zawołał:

– Czekaj, Mikołaj. Masz tutaj jakiś pyłek!
I upapranymi w dżemie palcami zaczął
wycierać garnitur Mikołaja.
W efekcie na fotografii Mikołaj nie prezentuje
się tak nieskazitelnie, jak życzył sobie jego
tata. Ale przynajmniej kiedy dorośnie, będzie
mógł przypomnieć sobie, jak wyglądali
wszyscy jego koledzy.

Jeśli się dobrze zastanowić, tata Mikołaja miał chyba rację: zdjęcie klasowe to naprawdę świetna rzecz!

NICZEGO SIĘ NIE BOJĘ!

Dzisiaj Mikołaj umówił się z kolegami
na placu.

– Patrzcie! – powiedział i wyciągnął z kieszeni
banknot. – Dostałem go od rodziców za to,
że byłem najlepszy z historii.

– O rany! – sapnął Alcest. – I co z nim
zrobisz?

– Nie wiem – odpowiedział Mikołaj.

– Najlepiej kupmy sobie mnóstwo tabliczek
czekolady! – zaproponował Alcest.
I chłopcy pobiegli w stronę sklepu.
Ale po drodze Mikołaj zobaczył na wystawie
wspaniałą latarkę.
– Zmieniłem zdanie! – zawołał. – Kupię
sobie latarkę!

– Ale to ci się do niczego nie przyda! –
skrzywił się Kleofas.

– Głupi jesteś! – powiedział Mikołaj. – Jak się
ma latarkę, można się bawić w detektywa!
Koledzy nie wyglądali na przekonanych.

– To żadna zabawa! – stwierdził Kleofas.

– Chodźcie, chłopaki, wracamy na plac –
postanowił Euzebiusz.

Kiedy Mikołaj wyszedł ze sklepu z latarką,
wpadł na swoją sąsiadkę Jadwinię.

– Zobacz, co kupiłem!

– Też coś… To zwykła latarka – wzruszyła
ramionami dziewczynka.

– Żartujesz! – zdenerwował się Mikołaj. –
Dzięki niej nie będę się bał ciemności!

– Pfff… – prychnęła Jadwinia. – To nie takie
pewne!

Mikołaj był wściekły. Nikt go nie rozumiał.
„Pokażę im, na co mnie stać!", pomyślał.

– Dobrze – oznajmił. – Żeby ci udowodnić,
przyjdę o północy pod twoje okno i będę ci
dawał znaki latarką.

– Nie zrobisz tego! – powiedziała Jadwinia.

– Nie? No to zobaczysz! –zawołał Mikołaj.

Zapadła noc. Mikołaj położył się do łóżka,
ale cały czas patrzył na zegarek.

„Już pora!"

Zapalił latarkę i wyszedł na korytarz. Wokół
było bardzo ciemno i nie czuł się zbyt pewnie.
Skierował się w stronę schodów, kiedy nagle…
PUK!

„Co to było?", zaniepokoił się.

Odgłos dochodził z gabinetu ojca…

Mikołaj uchylił drzwi i zaświecił latarką
do wnętrza.

„Ufff! To tylko niedomknięte okno!"
Zawrócił i zaczął ostrożnie schodzić po
schodach. TRACH, TRACH, skrzypiał parkiet
pod jego stopami.
Na dole podszedł do drzwi, wyciągnął rękę,
żeby przekręcić klucz w zamku i... BRZDĘK!
„O kurczę! Upuściłem klucz!"

Na piętrze tata Mikołaja uniósł się nagle
na łóżku.

– Co się dzieje? – spytała mama zaspanym
głosem.

– Słyszałem jakiś hałas!

– Pewnie ci się przyśniło… – mruknęła mama
i z powrotem zasnęła.

Ale tata był czujny. Postanowił sprawdzić,
co się dzieje. „Nigdy nic nie wiadomo, może
to jakiś złodziej…", pomyślał sobie.

Tymczasem Mikołaj włożył klucz do zamka.
Właśnie otwierał drzwi, kiedy usłyszał kroki.
Na górze zapaliło się światło.
Szybko! Mikołaj zgasił latarkę, wymknął się
na zewnątrz i zamknął za sobą drzwi.

– Jest tu kto? – spytał tata Mikołaja.

Nikt nie opowiedział.

Tata zszedł na dół, zapalił światło, zajrzał
w każdy kąt. Ani śladu złodzieja…

Na podeście przed domem Mikołaj kulił się,
jak mógł. Wreszcie tata postanowił wrócić
do sypialni.

Ale przechodząc przez przedpokój, zauważył,
że drzwi nie są zamknięte.

TRZASK, PRASK, przekręcił klucz w zamku.

I poszedł do łóżka.

Mikołaj znalazł się sam w ogrodzie. Drzwi
były zamknięte na klucz: nie miał jak wrócić
do domu! A na dworze było zimno i strasznie
ciemno…

Zdobył się jednak na odwagę i przeszedł przez ogród aż do płotu. Obok stał dom Jadwini. Mikołaj uniósł latarkę i skierował strumień światła na okno sąsiadki.

Raz, drugi, trzeci. I nic.

„Pewnie Jadwinia śpi jak suseł – pomyślał
Mikołaj. – Co by tu zrobić, żeby się obudziła?"
Podniósł z ziemi kamyczek i wycelował
w okno.
„Psiakość, nie trafiłem!"
Kamyczek odbił się od ściany domu i spadł
na dach garażu.
STUK, STUK, STUK!

Tata Mikołaja jednym susem wyskoczył
z łóżka.

– Teraz jestem pewien, że ktoś tu jest!
Podbiegł do okna.

– Kochanie, widziałem w ogrodzie światło.
To złodzieje!

Ale mama Mikołaja nadal spała jak zabita…
Tata zszedł do przedpokoju. Podniósł
słuchawkę telefonu i wybrał numer:
– Halo, policja?

W tym czasie Mikołaj wciąż rzucał kamyki
w okno koleżanki.

W końcu w pokoju zapaliło się światło
i w oknie ukazała się Jadwinia.

– Co ty tu robisz? – spytała.

– Jak to… a nasz zakład? – odpowiedział
Mikołaj.

– Ach tak, rzeczywiście… No to dobranoc!

Jadwinia zamknęła okno i zgasiła światło.

„To niesprawiedliwe! – pomyślał Mikołaj. –
Najpierw zapomina o naszym zakładzie,
a potem nawet nie powie mi »brawo!«"
Z zemsty rzucił w jej okno całą garść
kamyków.

Światło w pokoju zapaliło się znowu.

– No dobrze, jesteś bardzo odważny. A teraz
pozwól mi spać! – powiedziała dziewczynka.

– Zaczekaj! Jestem zamknięty na dworze! –
krzyknął Mikołaj. – W ogrodzie jest drabina.
Jeśli pomożesz mi ją przenieść, wejdę do
domu przez okno w gabinecie ojca.
Razem udało im się oprzeć drabinę o ścianę
domu Mikołaja.
Ale nagle latarka zgasła.
– Kurczę, skończyła się bateria!

W tej samej chwili otworzyły się drzwi domu.

– Szybko, chowajmy się! – szepnął Mikołaj.

Pociągnął dziewczynkę za drzewo.

– Wiem, że tam jesteście! – krzyknął tata
Mikołaja.

Wyszedł przed dom ze strzelbą w ręce.

– Uprzedzam was, że w młodości byłem
mistrzem w strzelaniu!

Jadwinia była przerażona.

Tata Mikołaja zaczął iść w stronę drzewa. Był
już prawie u celu, kiedy… PFIUUUUT!
Rozległ się głośny gwizd i oślepiające światło
zalało ogród.

– Policja! Nie ruszać się! – odezwał się gruby
głos.

Tata Mikołaja podniósł ręce do góry.

– To nie ja jestem złodziejem! – wyjaśnił. –
Chowają się tam, za drzewem…
Strumień światła policyjnej lampy skierował
się na dzieci.
– Nie jesteśmy złodziejami… To mój ojciec
zamknął mnie na dworze! – krzyknął Mikołaj.

Policjant zmarszczył brwi.

– Jak panu nie wstyd?

Tata był tak zaskoczony, że niechcący nacisnął spust strzelby. Rozległo się BRZIIIT! i duża gumowa strzała trafiła policjanta w sam środek czoła.

– Och… bardzo mi przykro – powiedział tata
Mikołaja. – Wziąłem ze sobą strzelbę syna,
tak na wszelki wypadek.
Policjant spojrzał na niego i wymamrotał:
– Kompletny świr z tego faceta!

Następnego dnia w szkole Mikołaj opowiedział
o swojej przygodzie kolegom. Ale Euzebiusz
nie chciał mu wierzyć.

– Bujasz, kłamczuchu!

– Spytaj Jadwini, jak mi nie wierzysz! –
odpowiedział Mikołaj.

Wtedy przyleciał Rufus ze swoim gwizdkiem:
PFIUUUT!

– E! Wiecie, co, chłopaki? Wczoraj w nocy
mój ojciec zatrzymał Mikołaja i Jadwinię, bo
myślał, że to złodzieje!

Wszystkie oczy zwróciły się na Mikołaja.

– A więc to prawda, co nam opowiadałeś! –
powiedział Kleofas. – No to przyznam,
mój stary, jesteś strasznie odważny, żeby
przechadzać się w nocy, po ciemku.

Mikołaj wypiął pierś. Teraz wszyscy koledzy
go podziwiali.

– To dlatego, że mam latarkę – wytłumaczył. –
Jest niesamowita!

A potem dodał ze smutkiem:

– Tylko że tata był wczoraj bardzo niezadowolony. I powiedział, że nie chce jej więcej widzieć w domu.

– Tak? – zainteresował się Rufus. – To mam dla ciebie propozycję…

Wieczorem Mikołaj jadł z rodzicami obiad w kuchni, kiedy nagle PRZTYK! zgasło światło.

– O, nie… – westchnęła mama. – Wysiadły korki.

Tata zwrócił się do syna:

– Daj mi swoją latarkę. Przynajmniej się do czegoś przyda.

– Kiedy… już jej nie mam, tato. Nie chciałeś jej więcej widzieć, więc wymieniłem się nią z Rufusem na gwizdek.

Mikołaj wyjął z kieszeni gwizdek i spytał rozradowany:

– Dobrze zrobiłem, prawda, tato? PFIUUUT! PFIUUUUT!

Tata zatkał sobie uszy rękami, a Mikołaj spytał zdziwiony:

– Nie podoba ci się mój gwizdek? A przecież tak dobrze działa! PFIUUUUUUUT!

DZIEWCZYNY SĄ STRASZNIE DZIWNE!

W sobotę Mikołaj zaprosił kolegów
na podwieczorek. Przyszli wszyscy: Alcest,
Euzebiusz, Kleofas, Gotfryd, Maksencjusz,
Rufus, a nawet Ludeczka. Będzie super
zabawa!

– To gdzie ten podwieczorek? – spytał Alcest,
jak tylko wszedł do ogrodu. – Możemy już
zacząć jeść, skoro jesteśmy w komplecie.

– Ych… niezupełnie – odpowiedział Mikołaj.

– Tak? A na kogo jeszcze czekamy? – zapytał Gotfryd.

– Na Jadwinię! – oznajmił Mikołaj.

Koledzy spojrzeli na niego zaskoczeni.

– Zaprosiłeś dziewczynę? – zaśmiał się Kleofas. – Przecież my nie bawimy się z dziewczynami!

– Tak? A ja to co? Codziennie się razem bawimy – zezłościła się Ludeczka.

Euzebiusz wybuchnął śmiechem:

– Cha, cha, cha! Ty to co innego, Ludeczko: nie jesteś tak naprawdę dziewczyną.

Ich kłótnię przerwał słodki głosik:

– Przepraszam za spóźnienie.

Wszyscy spojrzeli w stronę wejścia, w którym ukazała się Jadwinia.

– To przez Klementynę – powiedziała,
wskazując na swoją lalkę. – Chciała się
dla was wystroić.

– Ooooch! – zawołali chłopcy z oczami
utkwionymi w Jadwinię.

– Spokojnie, chłopaki – mruknęła Ludeczka,
trochę zazdrosna. – Przecież to tylko lalka!

– No dobra, to w co się bawimy? – zapytał
Gotfryd zniecierpliwiony.

– W rodeo – zaproponował Maksencjusz.

– A kto będzie koniem? – spytała Ludeczka.

– No… ty! – odpowiedział Alcest. – Z twoim
trudnym charakterem nadajesz się
na dzikiego konia.

Ludeczce się to nie spodobało. Odeszła na bok obrażona. Jadwinia podeszła do niej i szepnęła jej do ucha:

– Naprawdę nie wiesz, Ludeczko, jak postępować z chłopakami. Pokażę ci, co trzeba robić.

Jadwinia podeszła do chłopców drobnymi kroczkami.

– Hm… Może byśmy urządzili wyścigi konne?
Chłopcy nie wyglądali na przekonanych.
Uważali, że rodeo będzie zabawniejsze.
– Zapomnijcie, co powiedziałam – dodała
Jadwinia i zatrzepotała rzęsami. – I tak
wygrałby Euzebiusz.

– Euzebiusz? Nigdy w życiu! – obruszył się
Alcest. – Wsiadaj mi na grzbiet, zobaczysz,
na co mnie stać!

– Chodź, Ludeczko – zawołał Euzebiusz,
ustawiając się na czworakach. – Zaraz im
pokażemy.

Ludeczka usiadła zdziwiona na grzbiecie
Euzebiusza. Jadwinia, siedząca okrakiem
na Alceście, puściła do niej oko.

Trochę później Ludeczka weszła do łazienki,
gdzie właśnie czesała się Jadwinia.

– Dlaczego chłopaki robią wszystko, co im
powiesz? – spytała zaintrygowana.

– Bo jestem dziewczyną!

– No… ja też – zdziwiła się Ludeczka.

– Tak, ale ty nie umiesz posługiwać się tym
darem, który wszystkie posiadamy – wyjaśniła
Jadwinia.

– Jakim darem?

– Wodzenia chłopaków za nos! Trzeba umieć wykorzystywać swój wdzięk…

– Mogłabyś mnie nauczyć? – poprosiła Ludeczka.

– Dobrze. Ale pod warunkiem, że będziesz robić dokładnie to, co ci powiem.

– Obiecuję! – krzyknęła Ludeczka.

Jadwinia wzniosła oczy do nieba, po czym podała Ludeczce lalkę.

– Po co mi to? – zawołała Ludeczka. – Wiesz, że nie bawię się lalkami.

– Owszem – powiedziała Jadwinia. – I zrobisz
tak, żeby chłopcy bawili się lalką razem z tobą.
To będzie twoje zadanie.

Ludeczka weszła do pokoju, gdzie Mikołajek
z kolegami bawili się w bandytów.

– Może pobawicie się ze mną lalką? – spytała
Ludeczka, naśladując głos Jadwini.

Ale chłopcy zaśmiali jej się w nos.
Ludeczka zmarszczyła brwi i spróbowała
jeszcze raz, podnosząc lalkę do góry:
– Wyobraźmy sobie, że Klementyna jest
naszym więźniem, porwaliśmy ją podczas
napadu!

Nagle chłopcy przestali się śmiać i popatrzyli
po sobie zaciekawieni.

– Dobry pomysł! – krzyknął Mikołaj. –
Zwiążemy ją jeszcze sznurkiem, żeby nie
uciekła.

Na to Ludeczka lekko się uśmiechnęła.

W korytarzu Jadwinia znów wzniosła oczy
do nieba.

Po jakimś czasie Ludeczka oddała Jadwini
mocno wytarmoszoną lalkę.

– Skoro wolisz zachowywać się jak chłopak,
nie jestem w stanie ci pomóc! – westchnęła
Jadwinia, zniechęcona.

W tej samej chwili chłopcy wyszli z pokoju.

– Idziesz, Ludeczka? Pogramy sobie w nogę
w ogrodzie! – zaproponował Mikołaj.
Ludeczka zastanowiła się chwilę, po czym
odpowiedziała zdecydowanie:
– Nie, jestem dziewczynką, a dziewczynki
nie grają w nogę.
Mikołaj bardzo się zdziwił.
– Co ci się stało? To coś nowego…
– Tak, to coś nowego! – odpowiedziała
Ludeczka, zadzierając do góry nos.

W ogrodzie dziewczynki przyglądały się,
jak chłopcy grają w piłkę nożną. Nagle piłka
wylądowała u stóp Ludeczki, ale ta nawet jej
nie dotknęła. Zamiast tego powiedziała:

– Potrzebuję kogoś odważnego…

– Po co? – zainteresowali się chłopcy.

– Żeby zdjął z drzewa Klementynę –
uśmiechnęła się Ludeczka. – Przyczepiła się
do gałęzi…

– Na głowę upadłaś!? – zaprotestował Mikołaj.

– Dobrze wiesz, że mój tata zabrania nam
chodzić po drzewie.

– Trudno! – westchnęła Ludeczka. – Skoro się
boicie…

– Boimy? – zawołał Euzebiusz, wypinając
pierś. – Poczekaj, zaraz tam wejdę.

– Ja też! – krzyknął Gotfryd.

– To moje drzewo, więc to ja pójdę po
Klementynę! – wrzasnął Mikołaj głośniej
od innych.

Kiedy chłopcy biegli w stronę drzewa,
Ludeczka uśmiechnęła się z zadowoleniem.

Nadeszła pora podwieczorku. Wszyscy zgromadzili się wokół stołu, na którym stał wspaniały tort czekoladowy.

Wszyscy oprócz jednej osoby: miejsce Ludeczki pozostało puste.

– Gdzie jest Ludeczka? – spytała mama Mikołaja.

– Tutaj jestem! – odezwał się słodki głosik w korytarzu.

Wszystkie spojrzenia skierowały się na drzwi salonu, w których ukazała się Ludeczka z wpiętym we włosy kwiatem. Wyglądała jak księżniczka.

– Ooooo! – zawołali chłopcy.

Jadwinia była niezbyt zadowolona.

Mikołaj pokroił tort i już miał nałożyć kawałek Alcestowi, który pierwszy podsunął swój talerzyk.

Jadwinia zakasłała.

– Uhm! Mikołaj, czy muszę ci przypominać, że grzeczniej byłoby obsłużyć najpierw dziewczynki?

Wyciągnęła do niego swój talerz.

Chłopiec się zreflektował i uniósł kawałek tortu, żeby nałożyć go Jadwini, gdy wtem…

– Uhm! – zakasłała Ludeczka.

I też wyciągnęła swój talerz.

Mikołaj nie wiedział, co robić. Patrzył na zmianę to na Jadwinię, to na Ludeczkę…

Dziewczynki mierzyły się wzrokiem.

W końcu nałożył tort Ludeczce pierwszej.
Jadwinia była coraz bardziej zła. Nawet nie
tknęła swojej porcji.

– Masz, Alcest, oddaję ci swój kawałek –
oświadczyła z urazą, po czym dodała pod
adresem Ludeczki – Nigdy nie jem czekolady.
Od tego dostaje się pryszczy!

6

Po podwieczorku dzieci wróciły bawić się do ogrodu. To znaczy głównie chłopcy. Ludeczka przysiadła znudzona na huśtawce. Jadwinia ściskała swoją lalkę zamyślona.

– Jadwiniu! Pora wracać!

To mama przyszła po Jadwinię. Dziewczynka najwyraźniej bardzo się ucieszyła, że już idzie.

Mikołaj podszedł, żeby się z nią pożegnać.

– Wybacz, że dużo się z tobą nie bawiliśmy.
Na pewno się nudziłaś…

– Wręcz przeciwnie – powiedziała Jadwinia. –
Ogromnie się ubawiłam.

Mikołaj patrzył zaskoczony, jak idzie do furtki.
Podrapał się w brodę. „Dziewczyny
są strasznie dziwne…", pomyślał.

Odwrócił się do Ludeczki:

– Teraz, jak zostałaś sama, będziesz się pewnie nudziła…

– No tak – powiedziała Ludeczka cienkim głosikiem.

Niechętnie zaczęła iść w stronę furtki. Za nią chłopcy wciąż bawili się na trawie.

– Chodźcie, chłopaki, będziemy fikać koziołki! – zawołał Kleofas.

Ludeczka nie wytrzymała i odwróciła się.

– Koziołki są do niczego. A tak umiecie
robić? – spytała.

I zaczęła chodzić na rękach. Wszyscy chłopcy
próbowali ją naśladować, ale się przewracali.
Z głową na dole i nogami w górze Ludeczka
widziała świat do góry nogami.

– Teraz im pokażę, do czego jest zdolna
prawdziwa dziewczyna! – pomyślała.

TATA KUPIŁ MI ROWER

Mikołaj bardzo się spieszył, wychodząc dziś
ze szkoły. Myślał tylko o jednym – żeby
jak najszybciej wrócić do domu. Kiedy
przechodził koło placu, koledzy zaczęli wołać:
– E, Mikołaj! Pamiętasz, że po południu
mamy się bawić w Indian i kowbojów?
– Nie mogę! – odpowiedział i biegiem ruszył
w stronę domu.

Biegł chodnikiem. Już tylko dziesięć metrów, pięć metrów, metr... Z bijącym sercem otworzył furtkę i wykrzyknął radośnie:
– Ale super!
Pośrodku ogrodu stał jego wymarzony rower! Jego pierwszy w życiu rower.
– Dziękuję, tatusiu, dziękuję, mamusiu! – zawołał uszczęśliwiony.

I podbiegł do roweru, żeby go wypróbować.

– Uważaj! – krzyknął tata i przyciągnął do siebie rower. – Żeby jeździć na rowerze, trzeba mieć poczucie odpowiedzialności.

Mikołaj kiwnął głową i znowu wyciągnął rękę po rower.

– Zaczekaj! – powiedział tata. – Pokażę ci, jak się z nim obchodzić.

I dodał strasznie dumny:

– Bo wiesz, gdyby nie to, że spotkałem twoją mamę, zostałbym czempionem w kolarstwie…

– Słucham? – zainteresowała się mama Mikołaja.

– Tak, mało brakowało, a wygrałbym Tour de France albo co najmniej… konkurs regionalny – bąknął tata.

– No cóż, miło to słyszeć! – powiedziała mama z urazą w głosie.

I wróciła do domu, trzaskając drzwiami.

Upłynęło piętnaście minut, a Mikołajowi wciąż
nie udało się podejść do roweru.

Tata siedział na małym siodełku, jeździł
dookoła ogrodu i tłumaczył:

– Widzisz, pedały naciska się stopą, a nie
palcami, bo…

„Gadanie!", złościł się Mikołaj, któremu
niepotrzebne były te przemowy,

bo umiał jeździć na rowerze zupełnie
jak dorosły.
– Mogę teraz spróbować? – jęknął.
Tata postawił nogę na ziemi. Mikołaj chwycił
kierownicę i już miał wskoczyć na siodełko,
kiedy zza płotu wyjrzała głowa sąsiada,
pana Blédurt.

– Wiedz, sąsiedzie, że byłem czempionem
Mayenne!

– A ja czempionem alpejskim – odpowiedział
tata Mikołaja.

Obaj panowie popatrzyli na siebie spode łba.

– Myślisz, że jesteś taki dobry? – uśmiechnął
się pan Blédurt. – To może zrobimy wyścig
i zaraz się przekonamy!

– Świetny pomysł! – odpowiedział tata
Mikołaja.

Podniósł rower i skierował się w stronę furtki.

– Zaraz, to mój rower! – zaprotestował
Mikołaj.

Ale jego ojciec wyszedł już z ogrodu razem
z rowerem.

3

Na ulicy tata skoncentrował się i popatrzył
przed siebie z miną zawodnika Tour de
France. Tylko że rower był dla niego trochę
za mały...

– Trzy, dwa, jeden, start! – oznajmił Mikołaj
ze stoperem w ręku.

Sam też chciałby się pościgać, ale tata
poprosił go, żeby sędziował.

Ojciec Mikołaja ruszył najszybciej, jak się dało, ale jechał zygzakiem, bo jego kolana dotykały kierownicy!

Po dziesięciu minutach wyjechał zza rogu ulicy i zatrzymał się gwałtownie przed Mikołajem, który oznajmił:

– Dziewięć minut i pięć sekund!

– Ła… uff… uff… łatwizna! – dyszał tata Mikołaja kompletnie wykończony.

Teraz z kolei pan Blédurt nie bez trudności
wsiadł na rowerek.

– Trzy, dwa, jeden, start! – powtórzył Mikołaj.

I zaczął się kolejny rajd po dzielnicy.

Po drodze pan Blédurt przejeżdżał koło
placu, na którym koledzy Mikołaja bawili się
w kowbojów.

– Chłopaki, patrzcie: jakiś grubas jedzie
na rowerze! – zawołał Kleofas.

Rozgniewany pan Blédurt obrócił się, żeby pogrozić im pięścią. Nie zauważył Alcesta, który przechodził po pasach przez ulicę.
Alcest też go nie zauważył, bo oczy wlepione miał w bułeczkę z czekoladą, którą właśnie wcinał.
Kiedy pan Blédurt zorientował się w sytuacji, było już za późno na hamowanie. Gwałtownie skręcił w bok kierownicę i wpadł na stojące na chodniku pojemniki na śmieci.

Przed domem Mikołaj czekał na powrót pana
Blédurt. Jego tata wpatrywał się w stoper.

– Dziewięć minut i trzy, cztery, pięć i… sześć
sekund. Wygrałem!

– Dobrze. To teraz mogę dostać mój rower? –
spytał Mikołaj.

I nagle zrobił kwadratowe oczy. Na końcu
ulicy ukazał się pan Blédurt.

Szedł piechotą. Na głowie miał skórkę od
banana. A pod pachą połamany rowerek.
Na ten widok tata dostał ataku śmiechu.
Ale dla Mikołaja to wcale nie było śmieszne.
Osłupiały patrzył na swój wymarzony rower…
cały powyginany!

Po powrocie do ogrodu obaj sąsiedzi nadal się kłócili.

– Ten wyścig się nie liczy – złościł się pan Blédurt.

– Jasne, że się liczy, wygrałem, jestem czempionem! – przechwalał się tata Mikołaja. W końcu Mikołaj nie wytrzymał:

– Przestańcie się wygłupiać! Popsuliście mi
rower!
Tata spojrzał z niepokojem w stronę domu
i szybko powiedział:
– Dobrze, dobrze, zaraz ci go naprawię. Nie
płacz, zachowuj się jak mężczyzna. I… hm…
nic nie mów mamie!

Kiedy tata zabrał się do pracy, do ogrodu
wpadła banda kowbojów.

– Co tu robicie? – spytał kolegów Mikołaj.

– Nie mogliśmy się zdecydować, kto będzie
tym złym, więc postanowiliśmy, że to
będziesz ty – wyjaśnił Kleofas.

– Ale ja chcę być szeryfem! – zezłościł się
Mikołaj.

– O nie, to ja jestem szeryfem! – oznajmił
Joachim.

– Nie, mój drogi. Ja nim będę! – oświadczył
Gotfryd.

I wszyscy zaczęli się bić.

– Co się tutaj dzieje? – spytał tata, podchodząc
z siodełkiem w jednym ręku i kierownicą
w drugim.

– Uprzedzam cię, Mikołaj, jak będziesz rozrabiał, nie dostaniesz wieczorem deseru. Tego było już za wiele dla Mikołaja – wybuchnął płaczem.

– No, nie smuć się, mały – powiedział pan Blédurt z dziwnym uśmieszkiem. – Mam pomysł – twój tata będzie tym złym.

– Ale ja mam naprawiać rower! –
zaprotestował tata.
Jednak po dwóch minutach był już
przywiązany do drzewa jak kiełbaska,
a Mikołaj z kolegami wykonywali wokół
niego indiański taniec.

Tymczasem na niebie chmury zakryły słońce.
Zbierało się na deszcz…

– Chodźcie do domu, dzieci! – zawołała mama
Mikołaja. – Zrobiłam na podwieczorek mus
czekoladowy.

– Juhu! – krzyknęli chłopcy, wpadając do
środka.

– Ach, jesteś, kochanie – westchnął tata
Mikołaja. – Odwiąż mnie, proszę!

Jego żona miała jednak inne plany:

– Tratatata! – powiedziała. – Trochę
samotności dobrze ci zrobi. Będziesz mógł
pomyśleć o szczęściu, jakim było to, że mnie
spotkałeś!

Po czym zwróciła się do pana Blédurta, cała
w uśmiechach:

– Wpadnie pan do nas na podwieczorek, drogi sąsiedzie?

– Z największą przyjemnością, droga sąsiadko.
I pomachawszy kpiąco tacie Mikołaja,
pan Blédurt poszedł raczyć się musem czekoladowym.

6

Tata Mikołaja, przywiązany do drzewa, został w ogrodzie sam.

Sam? Niezupełnie. Bo był z nim Mikołaj. Stał przed ojcem z pogiętym kołem w ręce, a jego oczy ciskały błyskawice.

Tata zaczął pochlipywać.

– Mikołaj… Proszę cię… Odwiąż mnie!
Przykro mi z powodu twojego roweru.
Ale Mikołaj ani drgnął.
W tej chwili zaczęły spadać wielkie krople
deszczu.
– No dobrze, wygrałeś. Jutro kupię ci nowy
rower! – załamał się więzień.

Mikołaj podskoczył z radości i rzucił się
tacie w ramiona. Już, już miał go odwiązać,
kiedy…

– Mikołaj?

– Tak, mamo?

– Daj się tacie spokojnie pobawić i chodź
na podwieczorek.

Trochę później Alcest wyjrzał przez okno
salonu.

– Chłopaki, widzieliście? Ojciec Mikołaja
zrezygnował z podwieczorku, żeby dalej się
z nami bawić, pomimo że pada deszcz...
Nawet jeśli nas nie ma!

– No – stwierdził Mikołaj z dumą. – Mój tata
jest najfajniejszy na świecie. Zawsze jest
gotów się wygłupiać, a w dodatku, wiecie co?
Kupuje mi mnóstwo rowerów!

SENSACYJNA WIADOMOŚĆ

– Patrzcie, chłopaki, tata dał mi superowski prezent! – zawołał Mikołaj, kiedy przyszedł na plac.

Otworzył pudełko, w którym ułożone były pieczątki w kształcie liter.

Kleofas się skrzywił.

– Po co ci to? Chcesz się bawić w dyktando?

– Coś ty, głupku – odpowiedział Mikołaj. –
Dzięki temu będziemy robić gazetę.
– Ja będę oficjalnym fotografem – oznajmił
Gotfryd. – Mój ojciec ma nowego polaroida,
damy świetne zdjęcie na okładkę.
– Na przykład mój portret! – zaproponował
Euzebiusz.
Gotryd oznajmił:
– Nikt nie kupi naszej gazety, jeśli na pierwszej
stronie będzie twoja zakuta pała!

– Tak? A wiesz, co ci mówi moja zakuta pała? –
zezłościł się Euzebiusz i podniósł pięść do góry.
– W ogóle się na tym nie znacie, chłopaki! –
odezwała się Ludeczka. – Zdjęcie na okładce
musi dotyczyć jakiejś sensacyjnej wiadomości,
najważniejszego artykułu w gazecie. Musi
zawierać informację, którą my pierwsi ogłosimy.

– Widzę, że się na tym znasz – powiedział
Mikołaj. – Pomożesz mi szukać tej sensacyjnej
wiadomości?

– Dobra – odpowiedziała dziewczynka. – Ale jak?

– Spytamy mojego taty. On co dzień czyta
gazety, więc musi znać mnóstwo sensacyjnych
wiadomości!

Razem poszli do domu Mikołaja.

– Tato! Tato!

– Twój ojciec poszedł do pana Blédurt grać w warcaby – wyjaśniła mama.

Mikołaj pobiegł zapukać do sąsiada.

– Dzień dobry, panie Blédurt. Szukam mojego taty. Mama powiedziała, że jest u pana i gra w warcaby…

– Bardzo by mnie to zdziwiło! Zawsze z nim
wygrywam i teraz boi się przychodzić! –
zaśmiał się sąsiad i zamknął drzwi.
– Idzie twój ojciec! – szepnęła Ludeczka.
Tata Mikołaja wszedł do domu z dziwnym
pakunkiem w ręce.

– Tato, mógłbyś pomóc nam znaleźć sensacyjną wiadomość do naszej gazety? – spytał Mikołaj.

Tata odwrócił się, zaskoczony.

– Ćśśś! Ciszej, Mikołaj, bo twoja matka…

W tej samej chwili mama Mikołaja ukazała się w drzwiach kuchni.

– Wróciłeś, kochanie?

– Ych… tak – bąknął tata, chowając pakunek za plecami. – Znowu ograłem tego biednego Blédurta!

Mama ze śmiechem wróciła do kuchni, ale Mikołaj zmarszczył brwi.

– Kłamiesz! Pan Blédurt powiedział mi, że cię u niego nie było.

– Ćśśś! – syknął znowu tata. – Słuchaj,
Mikołaj, wyjaśnię ci później.
A potem, CZMYCH! poszedł do swojego
gabinetu.
– Twój ojciec jest dzisiaj jakiś dziwny
– zauważyła Ludeczka. – Powinniśmy
przeprowadzić śledztwo w jego sprawie.

3

Zaczaili się pod drzwiami w pokoju Mikołaja
i obserwowali korytarz. Po kilku minutach
tata Mikołaja wyszedł z gabinetu i zszedł po
schodach.

– Droga wolna! – oznajmił Mikołaj.

Dzieci weszły do gabinetu. Na jednym
z krzeseł leżał tajemniczy pakunek. Mikołaj
go rozpakował. W środku był elegancki
czarny garnitur.

– To smoking – stwierdził.

Był mocno rozczarowany, bo spodziewał się jakiegoś większego sekretu.

– Czekaj – powiedziała Ludeczka. – Wiesz, kto chodzi w smokingu?

– Kelnerzy w restauracji?

– Nie! Tajni agenci! Mamy już naszą sensacyjną wiadomość!

Mikołaj bardzo się zdziwił. A więc jego ojciec jest tajnym agentem! Wyobraził go sobie w smokingu, z pistoletem w dłoni... Jego ojciec to prawdziwy bohater!

Nagle nadstawił ucha. Na schodach słychać było kroki.

– Szybko, schowajmy się!

Dzieci kucnęły za biurkiem i patrzyły, jak otwierają się drzwi. Nogi taty Mikołaja podeszły do biurka...

Stojący na stole telefon zaczął dzwonić.

DRRRR!

– Halo! – powiedział cicho tata Mikołaja.

– Tak, to ja... Rozumiem. Będę u pana za dziesięć minut.

Po czym odłożył słuchawkę, chwycił swój smoking i wybiegł z pokoju.

Za biurkiem Mikołaj i Ludeczka popatrzyli na siebie, zdziwieni.

– Pewnie wezwano go na kolejną misję – szepnął Mikołaj.

– Chodźmy za nim! – postanowiła Ludeczka.

Po kilku chwilach dwoje młodych reporterów
patrzyło, jak tata puka do drzwi jednego
z pobliskich domów. Otworzył mu jakiś wąsacz.
Dzieci wśliznęły się pod okno, skąd dochodziła
porywająca muzyka.

– Co to za muzyka? – spytała Ludeczka.

– To taka szpiegowska technika. Chodzi
o to, żebyśmy nie słyszeli ich rozmowy –
odpowiedział Mikołaj.
– Polecę po Gotfryda! Zrobi zdjęcia.
Po pięciu minutach Ludeczka wróciła
z Gotfrydem. Ten wspiął się na ramiona
Mikołaja i zrobił kilka zdjęć. KLIK, KLIK!

Ludeczka rzuciła się na zdjęcia i krzyknęła:

– Wyglądają, jakby się bili!

– Ten wąsacz to na pewno jakiś szpieg –
szepnął Mikołaj. – Ale tata dobrze sobie radzi.
Patrzcie, nadepnął mu na nogę.

Mikołaj z wrażenia nie mógł ustać w miejscu,
przez co Gotfryd stracił równowagę i spadł na
ziemię. Po drodze zaczepił o stojącą na oknie
doniczkę: BUM!
Ludeczka i Gotfryd rzucili się do ucieczki,
jednak Mikołaj chciał pozbierać rozsypane
na ziemi zdjęcia.

– Mikołaj?

Za późno na ucieczkę! Jego ojciec wystawił głowę przez okno i patrzył na niego zaniepokojony.

– Wszystko widziałeś?

– Tak, tato, i uważam, że to genialne! – powiedział Mikołaj, chowając za siebie zdjęcia.

– Aha.

– To będzie sensacyjna wiadomość w naszej gazecie!

– No, nie, Mikołaj – bąknął tata. – Byłoby dla mnie bardzo kłopotliwe, gdyby wszyscy się dowiedzieli...

„O, psiakostka! pomyślał Mikołaj. Tata ma rację. Jeśli wyjawię jego sekret, będzie miał kłopoty".

– Nie martw się, tato. Nikomu nic nie powiem.

Mikołaj znalazł swoich przyjaciół na opuszczonym placu.

– I co? – spytała Ludeczka. – Odzyskałeś zdjęcia?

– Nie miałem czasu – skłamał Mikołaj.

– Trudno – powiedziała Ludeczka. – Opublikujemy wiadomość bez nich.

– Nie ma mowy. Bez zdjęć nikt nam nie
uwierzy! – zawołał Mikołaj, a następnie
wrócił do domu, taszcząc pod pachą swoją
małą drukarnię.

Wieczorem zasnął w łóżku jak suseł. To
znaczy prawie… bo wkrótce obudziła go
dziwna muzyka. Muzyka wąsacza!

„Tata jest znowu na misji?"

Cichutko zakradł się do salonu, skąd dochodziła muzyka. Pośrodku pokoju tata w smokingu bił się… z jego mamą!

– No wiecie, nie mogliście mi powiedzieć, że mama też jest tajnym agentem! – zezłościł się Mikołaj, wpadając do pokoju.

– Jakim agentem? – spytał tata.

– A co, nie jesteście teraz na misji? – upierał się chłopiec.

– Ależ kochanie, chyba widzisz, że tańczymy!
– wyjaśniła mama. – Twój tata zrobił mi
niespodziankę na naszą rocznicę ślubu.
Wtedy Mikołaj zobaczył stojącą na stole
butelkę szampana.
– No… Ale… To kim jest ten wąsacz?
– To mój nauczyciel rumby, pan Alberto –
odpowiedział tata.

Następnego dnia Mikołaj wydrukował w końcu
gazetę ze zrobioną przez Gotfryda fotografią
na okładce.

– Wydanie specjalne! Mój tata uczy się tańczyć
rumbę z Albertem! – wykrzykiwał na całą ulicę.
Za chwilę podeszli do niego Ludeczka
i Gotfryd.

– Znalazłeś moje zdjęcia! – ucieszył się Gotfryd.

– Też mi sensacja! – zakpiła Ludeczka. – Twoja historia z rumbą nikogo nie zainteresuje.

Jednak sąsiad, pan Blédurt, podbiegł i kupił gazetę.

– Patrz, kochanie! – zaśmiał się, mówiąc do żony. – Nasz sąsiad chodzi na lekcje tańca z pięknym wąsaczem.

Zamiast się roześmiać, pani Blédurt walnęła męża gazetą po głowie.

– Lepiej sam wziąłbyś z niego przykład. Oto mężczyzna, który potrafi dbać o żonę!

Tata Mikołaja widział całą scenę i teraz on zadrwił sobie z pana Blédurt.

– Brawo, Mikołaj, gratuluję ci artykułu. To wielkie dziennikarstwo!

Mikołaj poczuł, jak przepełnia go duma.
Sprawił przyjemność tacie i pokazał Ludeczce,
do czego jest zdolny. A, co najważniejsze,
odkrył swoje powołanie: kiedy dorośnie,
zostanie reporterem… albo szpiegiem, bo jak
się dobrze zastanowić, to właściwie na jedno
wychodzi!

BIJEMY SIĘ

Dziś w szkole Mikołaj z Gotfrydem od rana
się kłócili.

– Kłamca! – krzyknął Mikołaj do kolegi.

– Tylko powtórz…

– Jesteś kłamcą!

Gotfryd popchnął Mikołaja, który już miał
się wdać z nim w bójkę, kiedy… DZYŃ, DZYŃ,
DZYŃ! zadzwonił dzwonek na lekcję.

Obaj chłopcy pobiegli ustawić się w pary razem
z innymi.

– Na przerwie się bijemy! – burknął Gotfryd.

– Dobrze! – potwierdził Mikołaj, mierząc go
wzrokiem.

Usłyszał to Rufus, który stał za nimi.
W klasie rzucił do Maksencjusza zwiniętą
w kulkę kartkę.

– Przeczytaj i podaj dalej!

– O co chodzi? – spytał Kleofas, który siedzi
razem z Maksencjuszem.

– Mikołaj i Gotfryd będą się bili na przerwie –
szepnął Maksencjusz.

– Fajnie! – ucieszył się Kleofas, a potem podał
wiadomość Euzebiuszowi, który przekazał ją
do Alcesta, który chciał ją rzucić do Joachima…
Pudło! Kulka papieru wylądowała na głowie
Ananiasza, pupilka wychowawczyni.
– Psze pani… Niech pani zobaczy, czym
dostałem w głowę – poskarżył od razu
Ananiasz.

– Wstrętny pupilek! – syknął cichutko Kleofas.
Ale nauczycielka go usłyszała.

– Kleofasie, za karę nie wyjdziesz na przerwę.

– Och nie, proszę pani! Tylko nie to! – zaczął
błagać Kleofas.

Nauczycielka przeczytała wiadomość, po czym
dodała:

– Inni też zostaną ukarani, jeśli dowiem się,
że na przerwie była bójka!
Wszyscy poczuli się zawiedzeni. Oprócz
Mikołaja.
„Właściwie, to nie chce mi się bić. Więc bardzo
dobrze!" – pomyślał sobie z uśmiechem.

Ale po chwili, na korytarzu…

– Możecie się bić po lekcjach na placu! –
zaproponował Euzebiusz.

– Dobry pomysł – powiedział Joachim.

– No to postanowione. I nikt wam nie
przeszkodzi – stwierdził Euzebiusz, cały
zadowolony.

Jednak Mikołaj wcale nie był zadowolony.
A nawet trochę się bał. Wyobrażał sobie, jak
wielka rękawica bokserska uderza go w głowę.
Nigdy w życiu się nie bił!
Wrócił do domu z duszą na ramieniu. Jego
ojciec właśnie przycinał żywopłot w ogrodzie.
– Powiedz, tato… biłeś się z kimś kiedyś?
– Czy się biłem? Nie, nigdy nie musiałem
tego robić, bo wiedziałem, że wystarczy
porozmawiać i wszystko sobie wyjaśnić…

Tata nie zdążył dokończyć zdania, kiedy zza płotu wyjrzała głowa pana Blédurt.

– Mogę wiedzieć, co robisz?

– Sam widzisz! Przycinam swój żywopłot – odpowiedział tata.

– Bzdura. Ten żywopłot jest mój!

– Kłamca! – zdenerwował się tata Mikołaja.

– Tylko powtórz…

Mikołaj przyglądał się tej scenie bardzo zdziwiony. Nagle przed dom wyszła mama.

– Nie wstyd ci? – spytała męża. – Kłócić się przy dziecku! Jak jakiś smarkacz! No już, wracaj zaraz do domu.

Zawstydzony tata posłuchał. Mikołaj został sam. Zaczął się zastanawiać.

„Tata ma rację. Może pogadam z Gotfrydem i się pogodzimy…"

Przyszedł na plac pierwszy. Nagle usłyszał za sobą kroki – to był Gotfyd!

– Hm... wciąż chcesz się bić? – spytał cicho Mikołaj.

– Już nie za bardzo – odpowiedział Gotfryd.

– Ja tak samo! To co, pogodzimy się? – zaproponował Mikołaj.

Chłopcy już mieli uścisnąć sobie ręce, kiedy przy wejściu na plac rozległ się krzyk:

– Chodźcie, już są!

To był Euzebiusz, a za nim cała paczka.

– Nie mogę się doczekać, kiedy zacznie się bójka! – zawołał Alcest.

– Ja obstawiam, że wygra Gotfryd – stwierdził Rufus.

– Zwariowałeś? Mikołaj rozłoży go na cztery łopatki – zaprotestował Kleofas.

Wtedy zjawiła się Ludeczka z piłką w ręku.

– Cześć, chłopaki! Zagramy w nogę?

– Tak, ale najpierw Mikołaj i Gotfryd muszą się pobić – odpowiedział Alcest.

– Tak? A dlaczego? – spytała zdziwiona dziewczynka.

– Rzeczywiście! Dlaczego chcecie się bić? – spytał Alcest.

Mikołaj i Gotfryd spojrzeli na siebie zakłopotani.

– Hm, już nie za bardzo pamiętamy – przyznał Mikołaj.

– No to załatwione! – radośnie oświadczyła Ludeczka.

– Zaraz! Mikołaj i Gotfryd chcą się bić, więc
będą się bić – zezłościł się Euzebiusz,
pokazując pięści.
– I będzie rozróba! – dodał Alcest.
– NOOO! – zawrzasnęli chłopcy.
Teraz Mikołaj i Gotfryd nie mieli już wyboru…

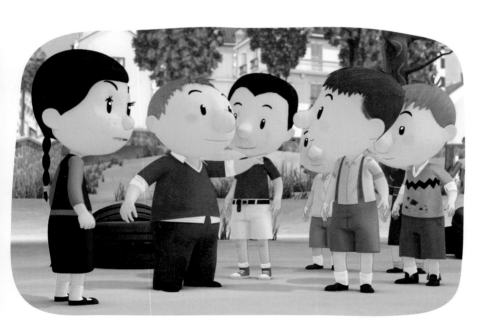

– Zaczynamy! – krzyknął Gotfryd i uniósł
pięści.

Mikołaj spojrzał na kolegę zdziwiony, ale
Gotfryd puścił do niego oko. Mikołaj zrozumiał
– będą się bić na niby. Dzięki temu koledzy
zostawią ich w spokoju.

I BACH! BUM! ŁUP! Obaj chłopcy zaczęli
podskakiwać i wymierzać sobie udawane ciosy.

Nagle Gotfryd przewrócił się na trawę.

– Auu! Moja kostka! – jęknął.

Po czym szybko dodał:

– Nie mogę się dłużej bić.

Koledzy nie kryli rozczarowania.

– O, nie! Tak łatwo nie pójdzie! Niech go ktoś zastąpi – powiedział Maksencjusz.

– Ja! – wrzasnął Euzebiusz.

– Nie, nie będę się z tobą bił. Nic mi nie zrobiłeś! – powiedział Mikołaj.

– Lepiej powiedz, że tchórzysz! – zawołał Joachim.

– Taak, bojący dudek! – roześmiał się Rufus. Mikołaj poczuł, że naprawdę ogarnia go złość.

– Wcale się nie boję! Zaraz wam pokażę, pajace. I BUCH! Z całej siły kopnął leżącą przy nim piłkę. A wtedy BACH! Ludeczka dostała nią prosto w głowę.

– Jesteście bandą dzikusów! Nie będę się z wami bawić! – krzyknęła ze łzami w oczach i wybiegła z placu.

– Brawo! Widzisz, co narobiłeś? – zawołał Gotfryd do Mikołaja.

– To nie moja wina – zaprotestował Mikołaj.

– Kłamca!

– Dobrze – syknął Mikołaj. – Jak tak, to pobijemy się naprawdę!

– Zgoda. Spotykamy się jutro w tym samym miejscu, o tej samej godzinie – warknął Gotfryd.

– NOOO! – wrzasnęli zachwyceni chłopcy.

W nocy Mikołaj nie mógł spać. Myślał
o Ludeczce, która już nie chce się z nim
bawić.

Następnego dnia postanowił pójść oddać jej
piłkę, którą zostawiła na placu. Spotkał ją
przy sklepie spożywczym pana Companiego.

– Chciałbym przeprosić cię za wczoraj…

– Jesteś dzikusem! – odpowiedziała dziewczynka, nadal rozgniewana.

– Tak, to prawda. Bardzo mi przykro…

– Dobra. Przyjmę twoje przeprosiny pod warunkiem, że zaniesiesz mi do domu torbę z zakupami! – zaproponowała Ludeczka.

Po drodze wpadli na kolegów Mikołaja.

– To jak, Mikołaj? Jesteś gotów do bójki?

– Co? Znowu bójka? – krzyknęła Ludeczka.

– Daj spokój, i tak nie zrozumiesz – parsknął
Euzebiusz.

– Właśnie że doskonale rozumiem!
Rozumiem, że wy, chłopaki, jesteście

okropnie, ale to okropnie głupi. A szczególnie ty! – powiedziała Ludeczka, patrząc z irytacją na Mikołaja. – Zaraz wam pokażę, jak można rozwiązać konflikt bez bójki – dodała i ruszyła w stronę placu.

Na placu wszyscy chłopcy otoczyli Ludeczkę kołem.

– Wciąż chcecie się bić? – spytała dziewczynka.

– NOOO! – odpowiedzieli chłopcy.

– Wiecie, co to oznacza? Wszędzie mnóstwo siniaków, podbite oko i kara, kiedy wrócicie do domu!

– NOOO! – powtórzyli chłopcy.

– A więc zadam wam pytanie: wolicie się
bić jak dzikusy, czy zjeść ze mną pyszny
podwieczorek? – powiedziała Ludeczka
i wyjęła z torby paczkę smakowitych
ciasteczek.

– Wolimy bójkę! – wrzasnął Euzebiusz.
Ale tylko on. Wszyscy chłopcy z Alcestem na
czele już wyciągnęli ręce, żeby dostać ciastko.

„Fajna jest ta Ludeczka. Chyba kiedyś się z nią
ożenię…" – pomyślał Mikołaj.

Czekała go jednak niespodzianka.

Następnego dnia, kiedy wychodził ze szkoły
z kolegami, wpadł na Ludeczkę rozczochraną
i całą posiniaczoną.

Po chwili chłopcy zobaczyli Jadwinię,
też w powyciąganym ubraniu i strasznie
podrapaną.

– Co się stało, Eudoksjo? – spytał Mikołaj jednej z koleżanek.

– O rany! Gdybyście widzieli! Na przerwie Jadwinia nazwała Ludeczkę kłamczuchą, Ludeczka poprosiła, żeby powtórzyła i…

– I co? – szepnął Mikołaj.

– No… – westchnęła Eudoksja – no i się pobiły!

LEKCJA PRZEPISÓW DROGOWYCH

– Drogie dzieci, dzisiaj rozkład lekcji
ulegnie pewnej zmianie – zapowiedziała
wychowawczyni. – Ananiaszu, wygłosisz
swój referat kiedy indziej...
– Ale ja wszystko przygotowałem!
Przyniosłem nawet rysunki i pudełko pinesek,
żeby je przypiąć do ściany – zaczął jęczeć
Ananiasz.

Jego lamenty przerwało wejście dyrektora,
któremu towarzyszył wąsaty policjant.

– Rufus, to twój ojciec! – szepnął Mikołaj. –
Wiedziałeś, że przyjdzie?

– Coś ty! – odpowiedział Rufus z oczami
zaokrąglonymi ze zdziwienia.

– W ramach programu prewencji pan policjant,
który jest stróżem porządku publicznego,
udzieli wam dziś lekcji przepisów drogowych –
wyjaśnił dyrektor.

– Przyszedłem, żeby odpowiedzieć na wszystkie wasze pytania, moi drodzy – oświadczył ojciec Rufusa bardzo pewny siebie.

Od razu na jego głowę spadła lawina pytań.

– Psze pana, a zatrzymał pan kiedyś złodziei? – krzyknął Euzebiusz.

– Co się robi, żeby mieć mundur policjanta? – spytał Mikołaj.

– To prawda, że kradzione nie tuczy? –
wrzasnął Alcest.

– No, widzę, że jesteście bardzo
zainteresowani! – ucieszył się policjant. –
Chodźcie za mną, zrobimy kilka ćwiczeń.
Na dziedzińcu chłopcy zobaczyli narysowaną
na ziemi trasę z mnóstwem znaków
i sygnalizatorów na skrzyżowaniach.

– O RANY! – zachwycili się, podekscytowani.

– Zostanę z panem, żeby ich pilnować –
zaproponował gościowi Rosół, opiekun
szkolny.

– Nie trzeba! – odpowiedział policjant. – To
żadna sztuka zajmować się dziećmi. Poza tym
my w policji umiemy radzić sobie w każdej
sytuacji.

Ojciec Rufusa podszedł do jednego
z sygnalizatorów świetlnych stojących na
trasie.

– Żeby bezpiecznie przejść po pasach, trzeba
poczekać, aż światło dla samochodów będzie
czerwone – powiedział.

Natychmiast posypały się pytania:

– Ale, psze pana, jak się goni złodzieja,
a światło jest zielone, to trzeba się zatrzymać?

– A jak się jedzie po pasach, to trzyma się ręce
za pasem?

– Chwileczkę, nie wszyscy naraz! – oświadczył
policjant. – A więc… jak się jedzie po pasach,
trzeba trzymać ręce na kierownicy, a jeśli
chodzi o złodzieja, to hmm…

Po czym zamilkł, nie wiedząc, co odpowiedzieć.

Stojący za nim Rosół parsknął śmiechem.

– Przejdźmy do drugiego ćwiczenia. To jest
skrzyżowanie – zaczął znów mówić policjant
i wskazał ręką miejsce na trasie.

– Mój tata mówi, że skrzyżowania są
niebezpieczne. Dlatego trzeba przez nie
jak najszybciej przejeżdżać – stwierdził
Euzebiusz.

– NIE! – zaprotestował policjant z niepokojem. –
Powinno się jechać powoli, przestrzegając
zasady pierwszeństwa z prawej strony!

Rosół roześmiał się całkiem głośno.

Tata Rufusa popatrzył na niego z irytacją
i powiedział:

– Hm, przekonamy się, jak to wygląda
w praktyce. Jestem pewien, że wasz opiekun
pan Dubon z przyjemnością rozda wam teraz
rowery!

Rosół natychmiast spoważniał i przybrał
groźny wyraz twarzy.

– Macie zachować spokój, zrozumiano?

Ale chłopcy go nie słuchali. Popędzili w stronę
hangaru, przepychając się jeden przez drugiego,
żeby zdobyć najfajniejszy rower.

– Skoro tak, ja będę je wam przydzielał! –
zezłościł się Rosół.

Chłopcy ustawili się gęsiego i Rosół dawał
każdemu rower. Ale kiedy nadeszła kolej
Mikołaja, okazało się, że rowerów zabrakło.

– Co ze mną będzie, psze pana? – chlipnął Mikołaj.

A po pięciu minutach…

– E, chłopaki! Patrzcie, jaki wielki bobas! – zaśmiał się głośno Euzebiusz na widok Mikołaja jadącego na malutkim rowerku na trzech kółkach.

Rosół wytłumaczył policjantowi:

– My w resorcie szkolnictwa też potrafimy sobie radzić: poszedłem po rower do pobliskiego przedszkola.

– Zapomniałeś smoczka, Mikołaj! – naśmiewał się Gotfryd.

Ojciec Rufusa postanowił pocieszyć Mikołaja.

– Ponieważ ty masz najmniejszy rower, będziesz pierwszy. Reszta pojedzie za tobą.

Mikołaj ruszył w trasę. Ale chociaż pedałował z całych sił, nie posuwał się szybko.

W peletonie zrobił się zamęt. Ananiasz stracił równowagę.

– AAACH! – krzyknął, padając jak długi na ziemię.

PAC! PAC! PAC! wypadły mu z kieszeni pineski i rozsypały się po ziemi.

PFFFFF… zaczęło uchodzić powietrze z opony Kleofasa, który jechał za nim.

Policjant spojrzał z niezadowoleniem na przedziurawioną oponę.

– Pan radzi sobie w każdej sytuacji… – zaśmiał się drwiąco Rosół.

Ale tata Rufusa nie miał zamiaru się
poddawać. Wyjął z kieszeni pudełko
gumowych łatek i naprawił oponę Kleofasa
na oczach obserwujących go z podziwem
chłopców. Potem odwrócił się do Rosoła
i oświadczył:

– Widzi pan, że radzę sobie w każdej sytuacji!

Kiedy nagle… PFFFFF, PFFFFF, PFFFFF…
Policjant odwrócił się i ze zdziwieniem
zobaczył, że Euzebiusz, Gotfryd i Maksencjusz
trzymają w ręku pineski. Właśnie sami
przedziurawili opony w swoich rowerach!
– My też chcemy mieć takie ładne łatki, panie
władzo – poprosili, jak gdyby nigdy nic.

Po pół godzinie, kiedy policjant skończył naprawiać wszystkie koła i zamierzał dalej prowadzić lekcję, na niebie pojawiły się ciemne chmury.

PLUM! PLUSK! PLASK! zaczął padać deszcz.

– Wszyscy pod dach! – rozkazał Rosół.

Chłopcy pobiegli schronić się w szkole.

Rozczarowany ojciec Rufusa został na dziedzińcu sam w strumieniach deszczu.

Ale znalazł rozwiązanie. Wszedł do klasy
i oznajmił:
– Będziemy kontynuować lekcję w środku.
Rosół wytrzeszczył oczy.
– Nie jestem pewien, czy to jest dobry pomysł,
panie władzo…

Ojciec Rufusa wyznaczył nową trasę na korytarzu i w klasie. Chłopcy zaczęli pedałować między stołami i ławkami.

– Wszystko idzie jak po maśle! – ucieszył się policjant.

Ledwo zdążył to powiedzieć, za jego plecami rozległ się krzyk:

– Ej, ty wstrętny kapusiu! To ja mam pierwszeństwo!

Policjant podbiegł i wpadł na Kleofasa, który bił się z Ananiaszem.

– Dzieci, uprzejmość też jest częścią kodeksu drogowego!

I wtedy Euzebiusz przejechał mu przed nosem, wrzeszcząc:

– Jeśli ktoś zagrodzi mi drogę, przywalę mu pięścią w nos!

Tymczasem w korytarzu wybuchła inna kłótnia.

– No już, Alcest, jedź! Nie widzisz, że masz zielone? – wściekał się Mikołaj.

– Zaczekaj! Muszę skończyć kanapkę!

– No to trudno, wyprzedzam cię! – krzyknął
Mikołaj, zjeżdżając w bok.

I przejechał po nogach policjantowi, który
przyszedł zobaczyć, co się dzieje.

Pojawił się dyrektor zaalarmowany hałasem.

– Co tu się wyprawia?

– Proszę się nie niepokoić – odpowiedział
policjant. – Panuję nad sytuacją!

Ale za nimi rozległ się kolejny krzyk:
– Odsuńcie się! Stoicie na środku
skrzyżowania! – wrzeszczał Kleofas, pędząc
jak szalony na swoim rowerze.
Żeby uniknąć zderzenia z dyrektorem, Kleofas
odbił w bok i wjechał prosto w regał. Stojąca na
regale doniczka spadła i rozbiła się o podłogę.

Dyrektor spojrzał złym wzrokiem na policjanta i oznajmił:

– Nad niczym pan nie panuje! Lekcja skończona.

Rosół odprowadził tatę Rufusa do wyjścia.

– W mojej dwudziestoletniej karierze nigdy się z czymś takim nie spotkałem! – westchnął policjant, załamany.

– A, tak! Pilnować dzieci jest trudniej, niż zatrzymywać bandytów! – roześmiał się Rosół.

Obok nich na chodniku Mikołaj z kolegami też sobie rozmawiali.

– Świetna była ta lekcja przepisów drogowych! – stwierdził Euzebiusz.

– Nooo, dobrze ci, że masz ojca, z którym można się tak fajnie bawić – powiedział Kleofas.

Słysząc to, Rufus o mało nie pękł z dumy. Po chwili zaproponował:

– A może byście przyszli wszyscy do mnie?

– NOOO!

– Ej! Tato! – zawołał Rufus do ojca. – Chłopaki przyjdą pobawić się do nas do domu. Zgoda?

– COOOOO? – wzdrygnął się policjant, ciężko przerażony.

Ale Rufus już zawiadamiał kolegów:
– Zgodził się!
– HURRA! – ucieszyli się chłopcy. – Idziemy
po rowery i zaraz do ciebie jedziemy!
Tata Rufusa zrobił się blady jak papier.
– Jeśli pan chce – zaoferował się Rosół,
mrugając do niego okiem – mogę przyjść
pomóc panu pilnować porządku!

LOTERIA

Tata Mikołaja siedział na fotelu w salonie
i czytał gazetę, kiedy…

–Tata, powiedz, wciąż jeszcze nosisz ten
kapelusz?

Tata podniósł wzrok i zobaczył syna w starym
czarnym kapeluszu na głowie.

– Urządzamy w szkole loterię. Każdy musi
przynieść jakiś fant – wyjaśnił Mikołaj.

– Poszukaj czegoś innego! – powiedział tata. I CAP! – zabrał swój kapelusz.

– Mogę poszukać, ale wy nigdy niczego nie chcecie oddać! – westchnął Mikołaj. W tej samej chwili w salonie odezwał się stary zegar. „KUKU! KUKU!", zachrypiała sfatygowana kukułka, wyskakując ze swojego domku.

Tata się rozpromienił. Od dawna chciał pozbyć się tego starocia i oto nadarzyła się wspaniała okazja.

– Przypominam ci, że dostaliśmy ten zegar od mojej matki! – zaprotestowała jego żona.

– Nie musimy jej niczego mówić, w ogóle się o tym nie dowie! – uśmiechnął się tata Mikołaja.

I tak następnego dnia rano Mikołaj poszedł do szkoły z zegarem pod pachą.

Wszyscy chłopcy przynieśli jakieś rzeczy na loterię. Wszyscy… oprócz Gotfryda. To dziwne, bo jego tata jest bardzo bogaty.

– Psze pani! A Gotfryd niczego nie przyniósł –
doniósł natychmiast Ananiasz, pupilek
wychowawczyni.

– Jasne, że coś przyniosłem! – sprostował
Gotfryd. – Ale to było za ciężkie, więc
zostawiłem na dole przed szkołą.

Chłopcy rzucili się do okna i otworzyli szeroko oczy ze zdziwienia. Na środku dziedzińca stał nowiuteńki motorower.

– No, myślę, że mamy główną nagrodę! – oznajmiła pani.

Po lekcjach wychowawczyni rozdała karnety
z losami na loterię.

– Teraz wasza kolej, chłopcy! Postarajcie
się sprzedać jak najwięcej losów. Możecie
sprzedawać je pojedynczo albo w karnetach po
dziesięć sztuk.

Na korytarzu Gotfryd zaczął przechwalać się
przed kolegami:

– Jestem pewny, że ojciec wszystkie ode mnie
kupi. Nie będę musiał się męczyć i sprzedawać.

– To oszukaństwo! – zaprotestował Alcest.

– Tak, nawet byś nie umiał sprzedawać ich na
ulicy! – dodał Joachim.

– Po prostu mi ZADROŚCICIE! Bo z góry
wiem, że nie zostanie mi ani jeden bilet –
odgryzł się Gotfryd.

– Ja też wszystkie sprzedam. Do tego z palcem
w nosie! – mruknął Euzebiusz.

– Zakładamy się? Ten, kto sprzeda najmniej, dostanie jakieś zadanie.

Chłopcy spojrzeli po sobie, zaniepokojeni.

– Łatwo ci mówić, niczego nie ryzykujesz! – burknął Mikołaj.

– Tchórzysz? – spytał Gotfryd.

– Wcale że nie! – żachnął się Mikołaj i dorzucił:
– Zresztą mam pomysł na zadanie. Przegrany
będzie przez tydzień nosił tornistry innym
chłopakom!
– Super! No to rozpoczynamy zawody! –
roześmiał się Gotfryd pewny siebie.

W tym czasie rodziców Mikołaja, którzy
wracali do domu, czekała niespodzianka.
Przed wejściem do domu stała Bunia, babcia
Mikołajka. Wyglądała na zdenerwowaną.
– No, jesteście! Powiedzcie mi, co się stało
z zegarem, który ode mnie dostaliście?
– Ach… ych… No więc… jest w naprawie –
bąknął tata.

– Tak… Przestał chodzić – dodała mama
Mikołaja i zrobiła się cała czerwona.
– Ach, to świetnie. Bo już myślałam, żeście się
go pozbyli! – powiedziała babcia.
Zeszła po schodkach i ruszyła do furtki.
– No dobrze, idę. Wpadłam tylko powiedzieć
wam… A KUKU!

Rodzice Mikołaja pomachali jej ręką na pożegnanie z głupim uśmiechem. Ale gdy tylko znikła z pola widzenia, tata Mikołaja zwrócił się wściekły do żony:
– Co za pomysł, żeby dawać twojej matce klucze do domu! Widzisz, teraz wpadliśmy.

Jakby tego było mało, zza płotu dobiegł znajomy chichot. Ukazała się głowa pana Blédurt.

– No, no, stary, współczuję. Widać, że twoja teściowa ma niezły charakterek. Jeśli skłamałeś jej co do zegara, nie będzie łatwo…

Tymczasem Mikołaj chodził po okolicy
z karnetami w ręce. Dotąd nie udało mu się
sprzedać ani jednego biletu!
Alcest próbował szczęścia, stojąc na rogu
piekarni.

– Czień topry pani! Mosze kupi pani ote mnie
pilet na loszerię? – spytał z ustami zapchanymi
bułeczką z czekoladą przechodzącą obok panią.

– Przykro mi, chłopcze, ale przed chwilą
kupiłam od twojego kolegi, o tam.
Alcest odwrócił głowę i zobaczył, jak oparty
o ścianę Euzebiusz pokazuje mu palcami V,
znak zwycięstwa. Udało mu się sprzedać już
wszystkie bilety!
Mikołaj podszedł do Alcesta
– KATASTROFA! Nie sprzedałem ani jednego!

– A ja sprzedałem jeden pani z piekarni…
Ale wcześniej musiałem od niej kupić dwie
bułeczki z czekoladą! – jęknął Alcest, który
właśnie skończył podwieczorek.
Teraz obaj postanowili iść do kwiaciarni.
Ale pani z kwiaciarni kupiła już losy od
Maksencjusza i od Joachima.

Weszli do sklepu spożywczego – okazało się,
że sprzedawca kupił wcześniej cały karnet od
Rufusa.

Zmartwieni chłopcy poszli na plac. A tam
znowu niespodzianka: wpadli na Kleofasa,
który bawił się i wygłupiał jak szalony.

– Lepiej idź sprzedawać swoje bilety, zamiast
pajacować – poradził mu Mikołaj.

– Już wszystko sprzedałem! – odpowiedział
radośnie Kleofas.

Mikołaj nie mógł uwierzyć. Jeśli nawet
Kleofas, najgorszy uczeń w klasie, poradził
sobie ze sprzedażą biletów, to wszystko
stracone. Przegrał zakład. Chyba że…

Poszedł do swojego ojca.

– Tato, nie kupiłbyś ode mnie karnetu losów na loterię?

Tata spojrzał nieufnie na karnet.

– Biorąc pod uwagę cenę, mogę kupić od ciebie nie więcej niż jeden los.

Mikołaj poczuł się rozczarowany.

– Mam już tego po dziurki w nosie! Nikt nie
chce ode mnie niczego kupić i zostało mi
pełno losów!

– W takim razie chodź ze mną.

Tata Mikołaja zaprowadził syna do sąsiada.

– Dzień dobry, panie Blédurt. Przyszedłem sprzedać panu bilety na naszą szkolną loterię – powiedział Mikołaj.

– Za ile? – spytał sąsiad podejrzliwie.

Tata Mikołaja wybuchnął śmiechem.

– CHA! CHA! Co za skąpiec!

– Ja, skąpiec? – obruszył się pan Blédurt. – Daj mi cały karnet, Mikołaj!

– Jak fajnie! – ucieszył się Mikołaj, a potem dodał ze złośliwym uśmieszkiem. – Tym bardziej, że tata kupił ode mnie tylko jeden bilet…

– Żartowałem, oczywiście… – tłumaczył się tata Mikołaja.

– Tak? To może kupisz mój ostatni karnet – zaproponował sprytnie Mikołaj.

Tata niechętnie wziął od niego karnet. W tej samej chwili zobaczył teściową, która szła w ich stronę.

– Dobrze, że jesteś, Buniu. Może chcesz bilety na loterię?

– Chętnie kupię jeden – odpowiedziała Bunia.

– Karnet?

– Nie, jeden los. Nie chcę cię pozbawiać reszty, drogi zięciu – uśmiechnęła się drwiąco babcia Mikołaja.

Następnego dnia odbywało się losowanie.
Mikołaj spotkał się z kolegami na dziedzińcu
szkoły.

– Ja wszystko sprzedałem! – oświadczył.

Alcest spuścił głowę, pokonany.

– Więc to ty będziesz nosił nasze tornistry? –
ucieszył się Gotfryd.

Nadeszła pani.

– Brawo, dzieci! Dzięki wam loteria się udała.
Gratuluję wam… I tobie też, Gotfrydzie,
chociaż nie sprzedałeś ani jednego losu.
Wszyscy spiorunowali Gotfryda wzrokiem.
– To nie moja wina, chłopaki! To przez mojego
ojca: chciał, żebym raz poradził sobie sam…

W tym czasie losowanie trwało w najlepsze.
Pan Blédurt podszedł do taty Mikołaja, śmiejąc
się pod nosem. W ramionach trzymał zegar
Buni!

– Zobacz, co wygrałem! Ciekawe, co powie
twoja teściowa, kiedy mnie zobaczy. Cha,
cha, cha!

Tata Mikołaja poczuł się nieswojo.

– Mogę go od ciebie odkupić?

Nagle dyrektor szkoły ogłosił losowanie głównej
wygranej.

– Zwycięzcą jest… numer 125!

– To ja! – odezwał się z tłumu cienki głosik.
To był głos babci Mikołaja!

Od razu wsiadła na motorower i włączyła
silnik. BRUM!

I wtedy zobaczyła zegar w ramionach zięcia.

– Widzę, że zegar nareperowany! Dziwię się, że tak wam zależy na tym paskudztwie. Ja nie mogłam już na niego patrzeć!

Zniknęła w obłoku kurzu, a w ramionach taty Mikołaja stara kukułka wyskoczyła ze swojego domku i zakukała: „KUKU! KUKU!".

PUPILEK MA PECHA

Dziś rano wychowawczyni Mikołaja długo
nie przychodziła do szkoły. Chłopcy czekali na
dziedzińcu…

– Na pewno dadzą nam jakąś panią na
zastępstwo! – mruknął Rufus.

– I na pewno będzie stara i brzydka! – dodał
Euzebiusz.

– Uhm, uhm!

Euzebiusz się odwrócił… i zobaczył starą
i brzydką nauczycielkę, która surowo na niego
patrzyła.

Chłopcy weszli do klasy, a nauczycielka
zasiadła za biurkiem.

– Ma co najmniej sto lat! – szepnął
Maksencjusz do sąsiada.

– SŁUCHAM? – powiedziała starsza pani, pryskając śliną. – Bądźcie tak dobrzy i mówcie głośniej, bo trochę niedosłyszę... Otwórzcie zeszyty: będzie lekcja geografii.

Pupilek Ananiasz od razu zerwał się z krzesła.

– Przyniosę mapę – oznajmił.

– Dlaczego wstajesz nieproszony? – rozgniewała się nowa pani.

– PÓJDĘ PO MAPĘ! – powtórzył Ananiasz, krzycząc.

– Widzę, że mamy tu mądralę. Jak ci na imię?

– Ananiasz.

– Zachariasz? Doskonale. Wracaj na swoje miejsce. I nie wyrywaj się więcej!

Nowa nauczycielka wskazała palcem na najgorszego ucznia w klasie.

– A ty jak się nazywasz?

– Kleofas, proszę pani…

– Świetnie, Teobald. To idź po tę mapę.

Zachwycony Kleofas zerwał się z miejsca i popędził po mapę.

– Gratuluję ci szybkości, mój chłopcze – powiedziała nowa nauczycielka.

Wszyscy w klasie wybałuszyli oczy: po raz pierwszy nauczycielka gratulowała Kleofasowi!

Na przerwie koledzy rozmawiali ze sobą.

– Ta nowa jest strasznie surowa – westchnął Rufus.

Ananiasz wyglądał na załamanego.

– Będziesz musiał się przyzwyczaić – zakpił Euzebiusz. – Teraz pupilkiem jest Kleofas!

Potem, już w klasie, nauczycielka napisała na tablicy zadanie.

– Przepiszcie to sobie po cichu. Zaraz wracam.

Ananiasz, który siedzi w pierwszym rzędzie, od razu zabrał się do przepisywania. Ale za nim szybko zrobiło się zamieszanie. Wtedy, jak zwykle, pobiegł do tablicy, żeby przywrócić porządek.

– Dość już! Uspokójcie się!

Zamiast odpowiedzi posypał się na niego grad papierowych kulek.

– Przestańcie! – powiedział Ananiasz, zaniepokojony.

I szybko schylił się, żeby pozbierać kulki, zanim wróci nauczycielka… która w tej samej chwili otworzyła drzwi!

– No, pięknie, Zachariaszu! Znowu błaznujesz? Marsz natychmiast do kąta!

– OCH, NIE! To niesprawiedliwe! – nie wytrzymał Ananiasz.

– W dodatku masz czelność protestować?
Dawaj mi dzienniczek, dostaniesz uwagę,
którą rodzice będą musieli podpisać.
Chłopiec otworzył usta ze zdziwienia. A cała
klasa razem z nim – uwaga w dzienniczku
Ananiasza, coś takiego jeszcze nigdy się nie
zdarzyło!
Na domiar złego nowa pani wytarła tablicę
i oznajmiła:
– Myślę, że skończyliście przepisywać. Jutro
będzie z tego tematu klasówka.

Po szkole Mikołaj i jego koledzy wracali do
domu w ponurych nastrojach.

– Nikt nie zdążył przepisać – westchnął
Mikołaj. – Jutro wszyscy dostaniemy pały!

Ale nagle twarz chłopca rozjaśniła się.

– Ananiasz przepisał! Musi nam pomóc, to
nasza jedyna szansa.

Całą paczką podbiegli do Ananiasza, który
szedł sam.

– Słuchaj, jeśli załatwimy ci sprawę
dzienniczka, pożyczysz nam zeszyt,
żebyśmy przepisali zadanie? – spytał Mikołaj.

– Znamy mnóstwo sposobów na
podpisywanie uwag – dodał Kleofas.

Na twarz Ananiasza wrócił uśmiech.

– Zgoda.

Kiedy przyszli do niego do domu, Ananiasz
zaprowadził Mikołaja i Kleofasa do gabinetu
rodziców.

– Muszę mieć wzór podpisu twojej matki,
inaczej nie będę mógł go podrobić – wyjaśnił
Kleofas.

– Coś ty – powiedział Mikołaj. – Nauczycielka
nie wie, jak wygląda podpis mamy Ananiasza,
więc nie trzeba go podrabiać. Wystarczy
jakikolwiek podpis, i tak się nie zorientuje!

Sprawa została szybko załatwiona.

Na progu domu Ananiasz dał Mikołajowi swój zeszyt.

– Fajnie, żeście mi pomogli z tym podpisem – powiedział.

– Ty też jesteś fajnym kumplem! – odpowiedział Mikołaj.

– To prawda! – potwierdził Euzebiusz i klepnął Ananiasza po ramieniu.

Ananiasz patrzył na swoich nowych kolegów z szerokim uśmiechem na ustach. Teraz on też należał do paczki!

Następnego dnia wszyscy spotkali się na dziedzińcu szkoły.

– Trudno było się tego wszystkiego nauczyć – powiedział Rufus.

– Żeby zrozumieć, przeczytałem to tyle razy, że teraz umiem na pamięć! – dodał Kleofas.

W klasie Gotfryd po raz pierwszy usiadł obok
Ananiasza. Ale podczas klasówki zauważył, że
Ananiasz nie pisze, tylko coś rysuje.

– Co robisz? – zapytał szeptem.

– Skończyłem, więc sobie rysuję. Zobacz!
Ananiasz pokazał Gotfrydowi rysunek. Była
na nim nowa nauczycielka. Wyglądała jak
czarownica!

Ananiasz odwrócił się, żeby pokazać rysunek
Mikołajowi i Euzebiuszowi. Wszyscy się śmiali,
kiedy…
– PROSZĘ MI TO DAĆ!
Ananiasz podał swoje dzieło nowej
nauczycielce, której żart wcale się nie
spodobał. Kara była natychmiastowa:
– Nie wyjdziesz na przerwę, Zachariaszu.
I będziesz przepisywał linijki. Poza tym
przygotuj dzienniczek!

– Pfff… Mam to w nosie! – prychnął Ananiasz.
I znowu się odwrócił, żeby puścić oko do
Mikołaja. Mikołaj zmarszczył brwi.
– Niech sobie nie myśli, że za każdym razem
będziemy zajmować się jego dzienniczkiem! –
burknął do Euzebiusza.

Na przerwie Ananiasz został sam w klasie
i przepisywał linijki. Nagle przyszedł mu do
głowy pewien pomysł…
Teczka nauczycielki stała przy biurku.
Ananiasz wstał i wlał do niej słoiczek kleju.
Koledzy, którzy właśnie wracali do klasy,
przyłapali go na tym.

– Ananiasz, co ty robisz? – przestraszył się Mikołaj.

– No co? To taki mały żart – roześmiał się Ananiasz.

– Przestań! Zwariowałeś? – zaniepokoili się jego koledzy.

– Skąd, zobaczycie, jaki będziemy mieli ubaw!

Zaczęła się kolejna lekcja. Na oczach podenerwowanych chłopców nauczycielka zanurzyła rękę w teczce i zaraz ją wyjęła z przyklejonymi pracami uczniów.

– Co… Co… CO TO JEST? – wrzasnęła, po czym dodała bardzo zła:

– Skoro tak, jutro robimy kolejny sprawdzian!

– OCH, NIE! – zaprotestowała klasa.

Po wyjściu ze szkoły Mikołaj i jego koledzy
byli wściekli.

– Zagramy w piłkę? – zaproponował beztrosko
Ananiasz.

– Nie, wracam do domu. Muszę powtórzyć
lekcję przed jutrzejszym sprawdzianem –
odpowiedział Kleofas.

– Ale pupilek! – fuknął Ananiasz. – A wy, chłopaki?

Ale chłopcy byli na niego źli.

– Gniewacie się za mój żart? Przecież był taki śmieszny!

– Dla ciebie jest śmieszne, że musimy jeszcze raz pisać sprawdzian? – oburzył się Mikołaj.

– Nie chcemy już ciebie w naszej paczce.
Schodzisz na złą drogę! – oświadczył
Euzebiusz.
Wszyscy odwrócili się na pięcie i sobie poszli.
Ananiasz został sam.
Następnego dnia dzieci przywitał Rosół,
opiekun szkolny.

6

– Wasza pani się spóźni – oznajmił. – Idźcie
na górę i poczekajcie na nią.

W klasie chłopcy poustawiali się w grupach
i rozmawiali… oprócz Kleofasa, który
powtarzał lekcję.

– Dzień dobry, dzieci! – odezwał się
melodyjny głos.

– Nasza pani wróciła!

Wszyscy szybko pobiegli na swoje miejsca.

Wtedy wychowawczyni powiedziała jak
zwykle:

– Ananiaszu, idź i przynieś mi kredę.

Kleofas był zawiedziony.

– Ale proszę pani, to ja…

– Nie zaczynaj, Kleofasie! – rozgniewała się
pani.

– JUŻ IDĘ! – zawołał Ananiasz i zerwał
się z miejsca, zadowolony, że znowu jest
pupilkiem.

– Dobrze, wracamy do lekcji historii –
oznajmiła pani.

– A sprawdzian, proszę pani? – spytał Kleofas,
zdezorientowany.

– Jaki sprawdzian? Słuchaj, Kleofasie, przestań
mi ciągle przerywać, bo wyślę cię do kąta!

Tego już było za wiele. Kleofas wybuchnął
płaczem.

– Ale... co mu się stało? – spytała
wychowawczyni, zdziwiona.

Mikołaj się roześmiał.

– Pewnie płacze z radości, że znowu panią
widzi!

– No cóż... – westchnęła wychowawczyni. –
Widzę, że nic się nie zmieniło podczas mojej
nieobecności.

PANIKA W MUZEUM

– Dzieci, dzisiaj pójdziemy na wycieczkę –
oznajmiła wychowawczyni.

– JUHU! – wrzasnęli radośnie Mikołaj i jego
koledzy.

– Do muzeum! – dodała nauczycielka.

– OCH, NIE! – zasmucili się chłopcy.

W muzeum koledzy Mikołaja snuli się po
salach znudzeni. Pewien obraz przyciągnął

ich uwagę. Były na nim niebieskie pomarańcze…

– Ten obraz jest beznadziejny! – oznajmił Rufus.

– Coś takiego jak niebieskie pomarańcze nawet nie istnieje! – poparł go Euzebiusz. – Ten malarz to jakiś patałach! Powinniśmy powiedzieć o tym ludziom z muzeum.

Wychowawczyni przerwała tę rozmowę.

– Macie pół godziny na dalsze zwiedzanie – oświadczyła. – Mam nadzieję, że będziecie grzeczni...

– Tak, proszę pani! – odpowiedzieli chłopcy z niewinnymi minami.

Uspokojona, wychowawczyni odeszła ze swoim pupilkiem Ananiaszem, który nie odstępował jej na krok.

Ale kiedy tylko znalazła się poza zasięgiem głosu...

– Pół godziny? W sam raz na zabawę w chowanego! – zawołał Kleofas.

– To twój pomysł, więc to ty będziesz szukał! – powiedział Mikołaj.

W mgnieniu oka chłopcy rozbiegli się na wszystkie strony.

Kleofas zamknął oczy i zaczął odliczać:

– 50, 49, 48...

Mikołaj z kolegami przebiegli muzeum
dookoła, po czym wrócili do sali z niebieskimi
pomarańczami.

– 27, 26, 25… – liczył głośno Kleofas.

Szybko! Nie było chwili do stracenia. Mikołaj
wśliznął się za kotarę osłaniającą okno.

– Dobry pomysł! – szepnął Euzebiusz.

I dołączył do Mikołaja. Gotfryd poszedł w ich ślady. Na końcu wepchnął się Alcest. Za kotarą zrobił się tłok. Za duży...

– Przestańcie się rozpychać! – zezłościł się Mikołaj na kolegów.

I wkrótce znalazł się na widoku, wypchnięty ze swojej kryjówki.

– 3, 2, 1, 0! – wykrzyknął Kleofas.

Odwrócił się i od razu dostrzegł Mikołaja.

– MAM CIĘ, MIKOŁAJ!

– Jak ma być tak, to… proszę! – nie wytrzymał Mikołaj.

Jednym ruchem pociągnął kotarę, odsłaniając swoich trzech kolegów.

– MAM CIĘ, EUZEBIUSZ! MAM CIĘ, GOTFRYD! MAM CIĘ, ALCEST! – zawołał Kleofas.

– To oszukaństwo! – zbuntował się Euzebiusz.

– Można wiedzieć, kogo nazywasz oszukańcem? – obraził się Kleofas.

– A jak myślisz, wstrętny oszukańcze? – burknął Euzebiusz.

W środku muzeum rozpoczęła się bójka.

Z początku górą był Kleofas. Chwycił oburącz

Euzebiusza i przekotłował się z nim na drugi koniec sali. Jednak Euzebiusz był silniejszy. Uwolnił się i BACH!, pchnął Kleofasa na stojący przy ścianie nieduży stolik.

Pod wpływem uderzenia stojący na stoliku czajniczek do herbaty spadł na ziemię.

GRUCH! BRZDĘK!

Pięciu chłopców popatrzyło na czajniczek,
który rozbił się na pięć kawałków.

– OJOJOJ! – przeraził się Euzebiusz. – Co
będzie, jak nasza pani to zobaczy...
Mikołaj nadstawił ucha. Słychać było zbliżające
się korytarzem kroki.

– Już idzie... Szybko, musimy schować te
skorupy!

Chłopcy złapali kawałki czajniczka i wpakowali
je do tornistrów leżących w kącie sali.
Potem wrócili i stanęli przed obrazem
z niebieskimi pomarańczami.
– Och, jak to miło, że lubicie malarstwo,
chłopcy! – ucieszyła się nauczycielka, kiedy
do nich podeszła.

Wtedy do sali wszedł strażnik, prowadząc za ucho Rufusa.

– Ten urwis jest z pani grupą? Znalazłem go schowanego w szafie.

– O, psiakość, zapomniałem o nim! – syknął Kleofas przez zęby.

Rufus miał zaczerwienione ucho, ale był bardzo zadowolony.

– Wygrałem! – oświadczył z dumą.

– Wygrałeś? – zdziwiła się pani. – Chyba
myślisz o karze! No dobrze… ustawcie się
w pary, chłopcy. Zwiedzanie skończone.
Koledzy Mikołaja z ulgą rzucili się do swoich
tornistrów i czym prędzej opuścili salę.
Tylko Mikołaj pozostał trochę w tyle.
Dyskretnie obserwował stolik, z którego
zniknął czajniczek. Stolik stał obok krzesła
strażnika. Oby ten niczego nie zauważył…

W południe Mikołaj jadł z rodzicami obiad.
Skończył właśnie, co miał na talerzu, kiedy
usłyszał w radiu, jak dziennikarz mówi:
„Informacje. Z muzeum miejskiego skradziono
dziś rano wart kilka milionów zabytek…".
Po pięciu minutach Mikołaj i jego koledzy
spotkali się na placu.

– Co powiedzieli w radiu? – spytał Kleofas oszołomiony.

– Że jesteśmy złodziejami – westchnął Mikołaj.

– Bzdury! Stłukliśmy tylko ten czajniczek, nie ukradliśmy go.

– Tak… stłukliśmy go, ale też ukradliśmy – zaoponował Euzebiusz i wyjął z tornistra kawałek czajniczka.

– To oddajmy kawałki do muzeum! – zaproponował Alcest.

– Wtedy dopiero dostaniemy karę! – krzyknął Mikołaj i dodał: – Mam pomysł. Kiedyś mój ojciec stłukł wazon Buni, a potem go skleił, nic nie mówiąc. I ona się w ogóle nie zorientowała! Najlepiej sklejmy czajniczek i odnieśmy go do muzeum.

– O, CHOLERA! – zmartwił się Gotfryd. Wyrzuciłem już swój kawałek do kubła.

– No to musimy go szybko odnaleźć! – zarządził Mikołaj.

Wychodząc z placu, chłopcy wpadli na Rufusa.

– E, chłopaki! W muzeum popełniono kradzież i mój tata policjant będzie prowadził śledztwo! – oznajmił Rufus, bardzo dumny.

U Gotfryda chłopcy położyli kawałki czajniczka
na stoliku w ogrodzie i zaczęli grzebać
w śmieciach w poszukiwaniu brakującego
elementu.
Po kilku minutach szukania w obierkach…
– MAM GO! – wrzasnął triumfalnie Gotfryd.

– Mogę iść umyć ręce? Zgłodniałem przez to wszystko, chciałbym zjeść podwieczorek – powiedział Alcest.

– Dobra. W tym czasie my pójdziemy do gabinetu mojego ojca po klej – odpowiedział Gotfryd.

Kiedy chłopcy weszli do domu, przed wejście zajechała śmieciarka. Lokaj Albert wyszedł, żeby wystawić pojemniki ze śmieciami. Przechodząc, zauważył na stoliku w ogrodzie kawałki czajniczka. I TRACH!, wrzucił je do śmieci jadących na wysypisko.

Kiedy chłopcy wrócili, czekała ich niespodzianka: kawałki czajniczka zniknęły.

– Pójdziemy do więzienia! – jęknął Mikołaj, zrozpaczony.

– Może wy... ale nie ja – oświadczył Gotfryd. – Mój ojciec ma w domu mnóstwo czajniczków. Dam jeden z nich muzeum, żeby zastąpić tamten.

Mikołaj się rozpromienił.

– Jesteś pewien, że możemy to zrobić?

– Hmm... tak, to znaczy... pod warunkiem, że nie powiemy mojemu ojcu! – odpowiedział Gotfryd.

Godzinę później Mikołaj wrócił do muzeum, niosąc w rękach żółty czajniczek. Podszedł do stolika… i zobaczył, że strażnik siedzi na krześle obok i śpi.

Mikołaj zrobił cichutko krok, kiedy nagle…

– MIKOŁAJ! Co tutaj robisz? – zawołała jego koleżanka Ludeczka.

– Ćśśś! – Szepnął Mikołaj. – Obudzisz strażnika…

Ale strażnik już się obudził. Zauważył Mikołaja.

– Ej, ty! Niczego nie wolno dotykać. Odstaw to zaraz!

Ludeczka rzuciła się do ucieczki, a Mikołaj postawił czajniczek na stoliku.

– Coś podobnego! – mruknął strażnik. – Przez cały dzień szukałem tego czajniczka, a stał tuż przed moim nosem!

Mikołaj już cofał się do wyjścia, przekonany, że załatwił sprawę, kiedy strażnik dodał:

– Dziwne tylko, że zmienił kolor...

Mikołaj stanął jak wryty: strażnik przejrzał jego grę! Rzucił mu się do stóp.

– Proszę, tylko niech pan nic nie mówi ojcu Rufusa!

– Domyślałem się, że to ty i twoi koledzy zbiliście ten czajniczek. Ale dobrze, ponieważ przyniosłeś mi nowy, niczego nie powiem, obiecuję.

– Uff! – krzyknął Mikołaj. – Bałem się, że pójdę do więzienia…

– Do więzienia? Za to, że stłukłeś mi jakiś tam czajniczek?

– Ale… w radiu mówili, że jest wart miliony! – zdziwił się Mikołaj.

– CHA, CHA, CHA! Wart miliony, mój stary czajniczek? – roześmiał się strażnik. – Pomyliło ci się z cenną wazą, którą dziś rano skradziono z muzeum!

Jakiś czas później Mikołaj spotkał się
z kolegami na placu i opowiedział im, jak się
skończyła historia. Wszystkim spadł kamień
z serca. Aż nagle z piskiem opon zjawił się na
rowerze Rufus.

– Wiesz co, Gotfryd? Z twojego domu
skradziono antyczny czajniczek, który jest
wart miliony. Ale nic się nie martw, mój tata
prowadzi śledztwo!

SPIS TREŚCI